WIDMUNG

KATHARINA THOR / NICOLAS PRIZZOTTI

Heute, hier, jetzt –

EIN REISEFÜHRER DURCHS LEBEN

MENANI

COPYRIGHT   © 2012 by MENANI GmbH, 86935 Rott

VERLAG   MENANI Publishing & Sales International
                 Eichbergstraße 13 • D-86935 Rott am Lech
                 Tel. +49 (0) 08869 911 83-0 • Fax -18
                 info@menani.com • www.menani.com

GRAFIK   Gilda Taron-Dahms, 86971 Peiting

DRUCK   Kessler Druck + Medien GmbH & Co. KG
                 Printed in Germany

6. Auflage

ISBN 978-3-941633-24-7

Das finden Sie in diesem Buch

Widmung 1

Inhalt 5

Auf ein Wort 12

Wie Sie dieses Buch lesen können 14

I. Lebensfreude   16/17

DANKBARKEIT

„Die größte Kraft des Lebens ist der Dank" 19

VOM RECHTEN MAß

Grenzgänger 21

GLÜCK

Jeder ist seines Glückes Schmied! 23

ZIELE

Innere Kraft 25

BEGEISTERUNG

Lust statt Last - über den eigenen Schatten springen! 27

SELBSTWERTSCHÄTZUNG

Unschätzbar wertvoll 29

II. *Körperwelt* 30/31

ERSTE GEDANKEN

Ein Zuhause für Geist und Seele 32

Echtheit 33

ESSEN & TRINKEN

Esskultur 34

Die Lebensquelle 35

Wie man isst, so ist man 36

Ungestillter Hunger 37

BEWEGEN

Bewegend 38

Zusammenspiel 39

Ausdauernd und beweglich 40

Voller Kraft und koordiniert 41

ENTSPANNEN

In der Mitte 42

Allein sein 43

Innere Einkehr 44

Reizvolle Ablenkung 45

RUHEN & SCHLAFEN

Dornröschenschlaf 46

Baldrian für Körper, Geist und Seele 47

Rituale 48

Ein Traum 49

DIE SINNE SCHULEN

Sinnenkult 50

Glücksempfinden 51

Hören und Sehen - unser Tor zur Außenwelt 52

Riechen, schmecken, berühren - genießen! 53

III. Den Geist fordern   54/55

ERSTE GEDANKEN

Gesund-Denken 56

„Denken ohne Lernen ist gefährlich!" 57

DIE ART ZU DENKEN

„Ich denke, also bin ich!" 59

Vielfalt mit Sorgfalt 60

Herausforderung 61

SCHÖPFERISCHES DENKEN

Erleuchtung 63

Spielend entscheiden 64

Kreativität 65

BILDUNG ERMÖGLICHEN

Ganzheitlich gebildet 67

Mit Herz, Hand und Verstand 68

Erinnerung und Tradition 69

MORAL ENTWICKELN

Tugend - Gipfel der Lebenskultur 71

Tugenden 72

Moral bringt Glück 73

IV. Seelenleben   74/75

ERSTE GEDANKEN

Gefühle - Triebkräfte des Lebens 76

Gesund-Fühlen 77

GEFÜHLSSKALA

Gemischte Gefühle 79

Die helle und die dunkle Seite 80

Emotional intelligent 81

FREUDIGE GEFÜHLE

Der Gipfel des Daseins 83

Selbstliebe 84

Liebe 85

AMBIVALENTE GEFÜHLE

Neue Horizonte 87

Perspektivenwechsel 88

Gut und Böse 89

DUNKLE GEFÜHLE

Wie neugeboren 91

Geordneter Rückzug 92

Am Anfang war es dunkel 93

V. Zusammenleben   94/95

ERSTE GEDANKEN

Herkunft ist Zukunft 96

Das WIR - unsere Gemeinschaft 97

PARTNERSCHAFT

Beieinander bleiben 99

Das Gegenüber 100

Das Gemeinsame - ein Team 101

FAMILIE

Ein warmes Nest 103

Erziehung 104

Das Familienmobile 105

MITMENSCHEN

Vorbilder 107

Gemeinsam sind wir stark 108

Leitbild 109

VI. Natur & Lebensraum   110/111

ERSTE GEDANKEN

Großes Zusammenspiel der Natur 112

Natürlich sein 113

LANDSCHAFT

Ein Kreislauf 115

Land in Sicht 116

Globaler "Klimawandel" 117

FLORA UND FAUNA

Blühende Vielfalt 119

Grüne Lunge 120

Tierisch gut 121

UNSER ZUHAUSE

„Ich bin Leben, das leben will ...“ 123

Ein Zuhause mit Ambiente 124

In der eigenen Mitte 125

VII. Kultur   126/127

ERSTE GEDANKEN

Was ist Kultur? 128

Das Maß ist der Mensch 129

MORAL, ETHIK, RELIGION

In guten Händen 131

Ohne Schönheit keine Moral 132

Jeder werde nach seiner Fasson glücklich 133

KUNST & MEDIEN

Kunst - das Herz der Kultur 135

Kunstschaffen - alles ist Zeitgeist 136

Fiktives & Virtuelles 137

WISSENSCHAFT & TECHNIK

Die Schöpfung 139

Neugier und Fortschritt 140

Findige Lösungen 141

WIRTSCHAFT

Gesundes Wirtschaften 143
BERUFung 144
Nah am Menschen 145

VIII. Das große Ganze   146/147

ERSTE GEDANKEN

Heldenreise 148
Wandel 149

GANZHEITLICH LEBEN

Der große Zusammenhang 151
Zusammenhalten 152
Frei entscheiden 153

JA ZUM LEBEN

Volle Kraft voraus 155
Sich verantwortlich fühlen 156
Nachhaltig in jedem Augenblick 157

DER SINN DES LEBENS

Der Fels in der Brandung 159
Wachsen 160
Selbst bestimmen 161

Literaturverzeichnis 162
Bildnachweis 166
Verlagsprogramm 167

Auf ein Wort

Lesen ist eine Reise. Wir machen uns auf den Weg, entdecken viel Schönes und danach fühlen wir uns reicher, erfüllt und inspiriert für das eigene Leben.

Manchmal strengen wir uns beim Lesen richtiggehend an, lesen Sätze zwei oder mehrere Male, um sie zu erkunden. Es lohnt sich, an manchen Orten etwas zu verweilen und genauer hinzusehen, die Worte von allen Seiten aus zu betrachten, wie eine weite Landschaft.

Denn es gibt immer etwas Neues zu entdecken:

- Wie gut es sich anfühlt, den eigenen Körper zu bewegen, zu pflegen, zu nähren – zu spüren.
- Wie erhellend es ist, den Geist zu schöpferischen Höhenflügen zu begleiten.
- Wie schön es ist, seine Gefühle in ihrer ganzen Fülle auszukosten.
- Wie wohltuend es ist, sich in einer Gemeinschaft geborgen zu fühlen und mit sich und anderen achtsam umzugehen.
- Welch herrliche Schauspiele uns die Natur - und manchmal auch das Theater bietet.
- Wie reich wir doch sind!

Dabei finden wir immer etwas, das wir in unserem Leben verändern wollen. Heute, hier und jetzt damit zu beginnen hat entscheidende Vorteile:

- HEUTE mit einer Verbesserung zu beginnen, wenn auch einer ganz kleinen, bringt uns ein gutes Stück voran. Denn der Anfang ist die halbe Miete!
- Wir übersehen nichts, schauen nicht weg und entdecken das Wesentliche, wenn wir unsere Aufmerksamkeit ganz auf das HIER ausrichten.
- Wir gewinnen an Zeit, wenn wir JETZT anfangen.

Wohin uns der Weg auch immer führen mag – gehen wir ihn mit ganzem Herzen!

Wie Sie dieses Buch lesen können

Dieses Buch steckt voller Möglichkeiten! Gehen Sie auf Entdeckungsreise!

Alle Wege führen zum Ziel. - Finden Sie Ihren eigenen Weg.

1. Lesen Sie das Buch ganz einfach von vorne, vom Inhaltsverzeichnis, bis hinten durch – das ist der klassische Weg. Nehmen Sie die Gedanken, Erfahrungen, Erkenntnisse und Ideen nacheinander auf. Prüfen Sie deren Alltagstauglichkeit.

2. Oder fangen Sie mit einem der acht in sich geschlossenen Hauptkapitel an, das Sie sofort anspricht. Gönnen Sie dem *Körper* einen Wellness-Nachmittag oder schicken Sie den *Geist* auf einen Tagesausflug. Lassen Sie Ihre *Seele* ein Wochenende lang mit den Füßen baumeln …

3. Jede Seite ist für sich allein lesbar! Öffnen Sie das Buch an einer beliebigen Stelle – vielleicht ist das ein intuitiver Hinweis darauf, womit Sie sich schon immer mal beschäftigen wollten …

4. Lesen Sie jeden Tag nur eine Seite – und achten Sie auf die Wirkung. Lassen Sie sich überraschen!

5. Lieben Sie Poesie? Dann lesen Sie vielleicht erst nur die poetischen Einführungen (in Kursivschrift) zu Beginn eines jeden Kapitels.

6. Lassen Sie einfach die Bilder auf sich wirken – und sich von Ihrer Intuition leiten.

Wie auch immer Sie sich entscheiden: fangen Sie an! Denn …

„…jedem Anfang wohnt ein Zauber inne …"

(HERMANN HESSE)

Lebensfreude

- DANKBARKEIT
- VOM RECHTEN MASS
- GLÜCK
- ZIELE
- BEGEISTERUNG
- SELBSTWERTSCHÄTZUNG

Volle Kraft voraus!

Sich einen kühlen Kopf,
sein Herzklopfen, sein Lachen
und sein Staunen bewahren.
Sich nicht unterkriegen lassen.
Reich fühlen, gelassen
in seiner Mitte ruhen,
seinen Weg gehen
und den eigenen Ausdruck finden.

Anteil nehmen an der umgebenden Vielfalt,
der ungeheuren Tiefe,
der großen Schönheit des Lebens!
Gut zu sich sein!

Die größte Kraft des
(Hermann

Lebens ist der Dank.

(VON BEZZEL)

Dankbarkeit ist die Anerkennung für eine Wohltat,
die in uns freudiges, positives Empfinden auslöst –
uns ein Lächeln entlockt.

Wohlwollen entgegenbringen, sich ausgiebig freuen,
aus ganzem Herzen danken –
das ist nicht selbstverständlich.

Mit sich selbst ins Reine kommen, Körper,
Geist und Seele in Einklang bringen.

Innehalten und dem Trubel der heutigen Zeit
sowie der unablässigen Informationsflut entfliehen,
sich wohl einbetten in ein Umfeld,
das Sicherheit und Erfüllung verspricht.

Dann erst recht ist es möglich,
mit offenen Händen und erfülltem Herzen
zu geben – und auch zu nehmen.

Sehen Sie sich um, lauschen Sie,
riechen und spüren Sie
den sagenhaften Reichtum,
die vielfältige Schönheit,
die uns in dieser Welt umgibt!

Grenzgänger

Maßhalten ist ein wichtiger Grundsatz unseres Lebens! Ein selbstgewähltes Maß einzuhalten bedeutet, sich Grenzen zu setzen. Klingt das für Sie nach Beschränkung und Verzicht? Ist es nicht, wie mit dem halbvollen Glas, immer eine Frage der Perspektive?

Wenn ich in einer atemberaubend schönen Landschaft stehe, kann mein Blick sie voll und ganz genießen. Möchte ich mir etwas Eigenes darin schaffen, so grenze ich mein Eigentum in irgendeiner Weise ab. Eine blühende Hecke voller Gezwitscher und Leben kann eine sehr schöne, für beide Seiten, die Außenansicht und die Innensicht, bereichernde Grenze sein.

Grenzen bilden unsere Persönlichkeit für jedermann sichtbar ab. Kleidung ist auch so eine Grenze. Sie ermöglicht uns einen geschützten Raum und stellt uns gleichzeitig dar, spricht für uns, noch ehe wir ein Wort sagen.

Um das Eigene zu finden und leben zu können, brauchen wir das rechte Maß, setzen wir Grenzen! Grenzen zu setzen und sie einzuhalten bedeutet Respekt vor dem Leben zu bewahren.

Jeder ist seines Glückes Schmied!

Glücklich fühlen wir uns, wenn ...

... wir harmonische Sinneserfahrungen machen!
Umgeben Sie sich mit Schönem? Tun Sie Ihren Sinnen Gutes?

... wir vertrauensvolle Beziehungen pflegen!
Haben Sie Ihren Platz gefunden? Halten Sie zusammen?

... wir unsere eigenen Fähigkeiten und Bedürfnisse ausleben!
Leben Sie Ihre eigenen Stärken, ihre Einzigartigkeit?

... wir körperlich aktiv sind!
Sind Sie beweglich? Fühlen Sie sich voller Lebenskraft?

... wir uns auf den Moment konzentrieren!
Bündeln Sie Ihre Aufmerksamkeit auf ein Ziel?
Genießen Sie den Augenblick?

Das eigene Leben selbst in der Hand zu haben und Zuversicht zu entwickeln macht glücklich!

Innere Kraft

*„Disziplin ist die Brücke zwischen Zielen
und ihrer Verwirklichung."*

(JIM ROHN)

*„Disziplin ist am Anfang schwer.
Dann macht sie alles leichter."*

(EDITA GRUBEROVA)

Wenn wir unser Leben in einer bestimmten Ordnung einrichten, die unseren Bedürfnissen entspricht, schaffen wir uns Freiräume. Darin haben wir Platz, um uns eigene Ziele zu setzen und erfüllbare Pläne auszuführen. Lassen wir uns auch Zeit zur Innenschau und für Inspirationen, um unsere sehnlichsten Wünsche frei entfalten zu können.

Konzentration hilft uns alle möglichen Ziele zu verwirklichen. Diese gebündelte Kraft ist unser Hauptwerkzeug, wenn wir etwas Bedeutendes leisten wollen. Arbeiten wir mit Ausdauer, Zuverlässigkeit und Zuversicht Schritt für Schritt an unserem Werk, erreichen wir unser Ziel!

Ganz gleich welche Lebens-Reise wir antreten, die ersten Fragen, die uns interessieren, sind: Welches ist mein Ziel? Wie komme ich dort hin? Was ermutigt und stärkt mich auf meinem Weg?

Auch eine lange Reise beginnt mit einem einzigen Schritt! Machen Sie den Anfang!

Lust statt Last — über den eigenen Schatten springen

Das, was uns gut tut, muss uns auch angenehm sein, selbst wenn anfangs Gewohnheiten und Widerstände zu überwinden sind. Gewohnheiten zu verändern bedeutet, scheinbar Unmögliches zu vollbringen. Über sich und seine Möglichkeiten hinauszuwachsen, ungewohnte Kräfte zu spüren. Eine Begeisterung zu entwickeln, die man für längst verschollen oder gar nicht vorhanden hielt!

Setzen Sie sich kleine, kurzfristig erreichbare Ziele! Üben Sie eine Gewohnheit, die Ihnen gut tut, in kleinen Schritten ein. Hören Sie auf Ihr Bauchgefühl – dass es zu dieser neuen Gewohnheit aus vollem Herzen Ja sagt! Dann macht es richtig Spaß, sich zu bewegen, achtsam und leicht zu Essen, immer mehr Energie zu gewinnen. Der förderliche Umgang mit sich selbst beginnt aus eigenem Antrieb. Sorgen sie vor, handeln Sie präventiv! Weil Sie es sich wert sind!

Die Voraussetzung dafür ist das Bewusstsein, dass eigenes Denken, Handeln und Erleben Lust auf Leben machen!

Unschätzbar wertvoll!

Wir alle haben ein Recht auf Glück! Sie auch!

Unsere Meinung von uns selbstbestimmt unser Erleben. Eine zuversichtliche und gute Meinung entsteht durch ein gesundes Selbstwertgefühl. Unser Selbstvertrauen wird durch unsere Anlagen und unsere frühkindlichen Erfahrungen geprägt. Es ist jedoch veränderbar, denn wir entwickeln uns immer weiter.

Können wir uns, wie einem guten Freund, in die Augen sehen und erkennen, was wir brauchen und wünschen? Erlauben wir uns auch mal Fehler und Niederlagen?

Das machst du gut!
Du gefällst mir! Weiter so!

Vertrauen wir uns! Dann ergreifen wir die Initiative, planen realistisch und erreichen unser Ziel!

Körperwelt

- ERSTE GEDANKEN
- ESSEN & TRINKEN
- BEWEGEN
- ENTSPANNEN & AKTIVIEREN
- RUHEN & SCHLAFEN
- DIE SINNE SCHULEN

Der gepflegte Körper ist der Ort,
in dem ein wacher Geist
und eine intakte Seele gern wohnen.

Achtsam und regelmäßig genährt,
bewegt, ausgeruht und gereinigt,
erfüllt er seine Aufgaben „mit links".

Ein vernünftiger Einsatz
der zur Verfügung stehenden Kräfte
erhält die Spannkraft – stählt ohne zu stehlen!

Ein Zuhause für Geist und Seele

Tue deinem Leib etwas Gutes,
damit deine Seele Lust hat, darin zu wohnen!

(Teresa von Avila)

Unser Organismus ist ein wahres Wunderwerk! Geben wir uns die Chance, ihn zwischen förderlicher Anstrengung und liebevoller Achtsamkeit im Gleichgewicht zu halten!

Hören und fühlen wir in uns hinein!

Unser Körper braucht regelmäßig und maßvoll *wert*-volle Nahrung, um optimal funktionieren zu können.

Laufen wir um unser Leben, steigen die Treppen nach oben, um beweglich zu bleiben!

Lassen wir immer wieder die Seele baumeln … und schlafen wir uns gesund!

Nehmen wir uns Zeit, viel Zeit, für Menschen, die uns gut tun!

Räumen wir Geist und Seele einen weiten Raum für gute Ideen und Lebensfreude ein!

Der gepflegte Körper ist der Ort, in dem ein wacher Geist und eine intakte Seele gern wohnen. Die Voraussetzung für große Leistungen und ein erfülltes Leben ist die *eine* Gesundheit, die wir haben!

Echtheit

Das Orakel zu Delphi galt in der Antike als Mittelpunkt der Erde. Über seinem Eingang steht: „Erkenne dich selbst!"

Wer bin ich? Welche Möglichkeiten habe ich? Was entspricht mir?

In Zeiten der unbegrenzten Möglichkeiten der „äußerlichen Optimierung" und der Schönheitschirurgie ist es nicht leicht, sich auf sein ganz eigenes Potential zu konzentrieren. Sich in seiner Haut wohl zu fühlen, echt, natürlich schön zu sein!

Uns zu pflegen, ausgewogen zu ernähren, unsere Beweglichkeit, Ausdauer und Kraft zu trainieren, heißt nicht, ein Kunstprodukt aus uns zu machen.

Nehmen wir uns mit Selbst-Bewusstsein so an, wie wir sind! Schöpfen wir unsere Möglichkeiten voll aus! Entdecken wir unsere wahre, innere und äußere Schönheit!

Esskultur

Essen und Trinken in aller Ruhe und mit Genuss,
wissen um den hohen Wert der Speisen,
um ihre Ursprünglichkeit,
tut gut.

Genau die richtige Menge,
kein Zuviel, kein Zuwenig,
denn abwechslungsreiche, wertvolle Nahrung
macht das Leben schmackhaft.
Unsere Quelle der Lebenskraft!

Die Lebensquelle

Unsere Nahrung ist die Grundlage unserer Gesundheit. Behalten wir sie im Auge.

Wie mögen Sie es am liebsten? *Mit Nüssen, Sprossen oder Früchten? In Essig-Öl oder Kräuter-Joghurt-Dressing? An Eichblatt, Rauke oder Feldsalat?* Geben wir *„Butter bei die Fische"* und tunken wir ein bisschen in gutem *Olivenöl!* Zum Abschluss *noch ein warmer Käsekuchen ohne Boden* ... Das stärkt Nerven und Muskeln!

Ein würziges Brot aus vollem Korn mit frischer Fass-Butter, Milch von glücklichen Kühen, Eier von freilaufenden Hühnern ... eine aromatische Gemüse-Suppe ... oder hausgemachte Pasta ... Ofenkartoffeln mit Käse mit ein wenig Leinöl ... gedünsteter Fisch mit frischem Saisongemüse, ... Kräuter-Risotto ... ein bunter Fruchtsalat - ein kulinarisches Feuerwerk! Das verschafft unseren Muskeln Schwung und unserem Hirn ordentlich „Saft"! Die reinste Frischzellen- und Antistress-Kur!

Wasser ist der Durstlöscher Nummer eins. Dazu einen *Fruchtsaft* oder ein Gläschen *Wein* - das können wir mit Lust genießen und tut nicht nur unserem Stoffwechsel gut.

Einige Grundsätze erleichtern uns die Auswahl: Viel Wasser, Obst und Gemüse, etwas Fett, wenig Süßes und möglichst keinen Zucker.

Frische, Naturbelassenheit, Geschmack und Vielfalt sind gute Berater beim Essen!

Wie man ißt, so ist man

"Ich habe gefunden, dass Menschen mit Geist und Witz auch immer eine feine Zunge besitzen."

(VOLTAIRE)

Legen wir Wert auf unser Wohlbefinden, dann hat Essen einen hohen Stellenwert. Nehmen wir, so oft es möglich ist, unsere Mahlzeiten gemeinsam ein. Das tut gut!

Lassen wir nicht allein den Preis entscheiden! Ursprüngliche Nahrungsmittel, Bio- und Vollwert-Produkte versorgen uns mit allem, was gesund, schön und schlank hält. Von den unübertroffenen sinnlichen Eigenschaften natürlicher und frischer Lebensmittel ganz zu schweigen …

In Japan isst man vorwiegend Getreide, Gemüse, Obst, etwas Fisch und bei jeder Mahlzeit nur soviel, dass man sich etwa zu 80 % satt fühlt. Übergewicht ist eine Rarität, Gesundheit bis ins hohe Alter häufiger als bei uns.

Wir gewinnen sofort an Lebensqualität, wenn wir frisch zubereitetes, hochwertiges Essen mit Bedacht gemeinsam genießen!

Ungestillter Hunger

Eine ausgewogene Ernährung hat enormen Einfluss auf unsere körperliche, geistige und seelische Stabilität. Sie stärkt unsere Widerstandskraft und unsere Regenerationsfähigkeit.

Langeweile, Stress oder Frust führen dazu, dass wir achtlos alles in uns hinein stopfen. Ein Ablenkungsmanöver?

Vor allem die industrielle Veränderung der Nahrungsmittel durch Farb-, Zusatzstoffe, Geschmacksverstärker lösen übertriebene Reize und unter Umständen unwiderstehlichen Konsumzwang aus. Die allgegenwärtige Werbung tut ihr Übriges. Können wir nicht auf denaturierte Nahrungsprodukte, Fast Food und übermäßig fett- und zuckerhaltige Lebensmittel verzichten? Und den nachhaltig positiven Effekt auf Körper, Geist und Seele spüren?

Überkommt uns doch mal die Lust auf eine Schwarzwälder Kirschtorte - dann kosten wir aber auch jeden einzelnen genussvollen Moment aus! Ohne Reue!

Bewegend

Unser Körper ist ein Wunderwerk,
das uns am „Laufen" hält.
Sind es nicht unsere unterschiedlichen,
zahlreichen Muskeln, die regelmäßig trainiert,
uns ausdauernd, schnell und voller Kraft
durchs Leben gehen lassen?

Spüren wir den Rhythmus,
die Leichtigkeit unserer Bewegungen,
die Freiheit uns bewegen zu können!
Kommen wir ins Gleichgewicht!

Zusammenspiel

Leben ist Bewegung!

Sitzen wir aufrecht, stehen, gehen und tanzen wir anmutig und geschickt, zeigen wir *Haltung!* Können wir einige Stunden zum Gipfelkreuz marschieren, sind wir *ausdauernd!* Können wir blitzschnell reagieren, wenn etwas herunterfällt, sind wir *beweglich und dynamisch.*

Regelmäßige Bewegung, an Lebensalter und Leistungsfähigkeit angepasst, verbessert unsere Dynamik und sorgt für eine Reihe wichtiger Funktionen in unserem Organismus:

- Mobilität und Stabilität des *Bewegungsapparats*
- Leistungsfähigkeit des *Herz-Kreislauf-Systems*
- Funktionstüchtigkeit des *Stoffwechsels*
- Widerstandsfähigkeit des *Immun- und Nervensystems*

Wohlstandskrankheiten gehen wir dadurch aus dem Weg.

Unsere Beweglichkeit und Kondition ist nicht konservierbar, nur stetig trainierbar. Nehmen wir lieber die Treppen, frei nach dem Motto: Wer rastet, der rostet!

Ausdauernd und beweglich

Ein optimales Bewegungstraining bringt vor allem Freude an der Bewegung. Denn Rückengymnastik, Stretching, Woyo, Pilates, Zumba ... machen uns kraftvoll und elastisch.

Gesundheitsorientiertes Ausdauertraining ist kräftigende Muskelarbeit über einen möglichst langen Zeitraum. Es verbessert die Sauerstoffzufuhr unseres Körpers, senkt schädliche Blutfette und Übergewicht, baut Stresshormone ab und hat damit einen antidepressiven Effekt. Die einfachsten Möglichkeiten sind Laufen, Walken, Tanzen, Bergwandern, Skilanglaufen, Radfahren und Schwimmen.

Empfehlenswert sind regelmäßige Trainingseinheiten 2-3 Mal pro Woche, zwischen 30 – 45 Minuten. Eine allmähliche Steigerung ohne Überlastung ist wohltuend. Ein Gleichgewicht trainierter Muskeln verbessert unsere Haltung und Vitalität - es macht Spaß, aufrecht und schwungvoll durchs Leben zu gehen!

Voller Kraft und koordiniert

Mit einer guten Mischung aus Ausdauer- und Beweglichkeits-Sport haben wir auch schon ganz viel für unseren Energiehaushalt getan.

Spüren wir in bestimmten Bereichen unseres Körpers, dass uns „etwas mehr" gut tun würde, können wir gezieltes Krafttraining einsetzen. Kraftausdauer und Muskelaufbau sind beide sinnvoll. Auch hier gilt: Dosiert beginnen und über einen langen Zeitraum steigern.

Koordinationstraining schult fundamentale Fähigkeiten, wie die Bewegungsempfindung und das Gleichgewicht, die räumliche Orientierung, die Reaktions- und Rhythmusfähigkeit. Wir trainieren sie mit allen Sportarten, die eine Abstimmung verschiedener Bewegungsabläufe benötigen, wie z. B. Ballspiele, Tanzen, Reiten, Eis- und Rollschuhlaufen, Alpin- und Skilanglauf.

Sie sorgen bei all unseren Bewegungen für ein sicheres und angenehmes Körpergefühl. Und die Ausschüttung von Glückshormonen wirkt nachhaltig auf unsere gesamte Erscheinung!

In der Mitte

Innehalten, wenn Müdigkeit aufkommt.
Ausruhen,
neue Kraft tanken,
die Gedanken frei schweifen lassen,
alles ausschwingen
und die Gewichte beiseite schieben —
bis wir wieder in unserer Mitte sind,
bis Körper und Seele wieder im Lot sind.

Allein sein

„All unser Übel kommt daher,
dass wir nicht allein sein können.“

(SCHOPENHAUER)

Ein viel beschäftigter Mann - immer mittendrin und ohne Mobiltelefon, E-Mail usw. nicht vorstellbar - zieht sich in ein Kloster in die Einsamkeit zurück, um zu erfahren und zu beschreiben, wie es ist, ohne jegliche Ablenkung mit sich allein zu sein. Er findet sich zunächst im inneren Chaos wieder - keine Ansprache, keine Beschallung durch Medien ... All seine Gedanken und Ängste scheinen ihn - so plötzlich allein - unruhig zu umzingeln!

Nach einigen Tagen jedoch kehrt Ruhe in ihn ein: Er bemerkt, dass er sich selbst genug ist! Nach der Rückkehr in die Normalität bekennt er: „Ich fühlte mich auf eine Art geläutert, die fast schon eine religiöse Komponente hatte. Es war wie eine innere Reinigung.“ Seitdem zieht er sich jedes Jahr für einige Tage zurück, um sich selbst wieder zu finden.

Im Alleinsein finden wir zu unserem eigenen Rhythmus und Willen und zu unserer natürlichen Kreativität zurück. Wir sollten uns täglich etwas von dieser wohltuenden Medizin gönnen!

Innere Einkehr

Wirkliches Erleben findet nur in uns selbst statt, wenn wir konzentriert sind, uns völlig unseren Wahrnehmungen und Gefühlen hingeben.

Regelmäßig Autogenes Training, Meditation, Atemübungen, progressive Muskelentspannung, Tai Chi, Qi Gong oder Yoga, aber auch Musizieren und Singen, Wandern und andere ritualisierte Sportarten können uns beim Innehalten und Abschalten helfen. Auch wenn wir nichts tun, sondern „nur" in uns hinein horchen oder z. B. eine schöne Landschaft auf uns wirken lassen, erreichen wir inneres Gleichgewicht.

Sorgen wir regelmäßig für Einkehr und Entspannung, hören wir unsere eigene innere Stimme, die nicht vom Lärm und der Hektik und den Meinungen anderer überschallt wird.

Die Vitalität, das Selbst-Bewusstsein und die Lebensfreude, die wir dadurch gewinnen, werten auch ganz nebenbei unsere Außenwirkung auf!

Reizvolle Ablenkung

Zu einem erfüllten Leben gehören unterschiedliche Reize für Körper, Geist und Seele, die uns je nach Situation und Typus anregen bzw. entspannen.

Arbeiten wir vor allem sitzend, braucht der Körper als Ausgleich Bewegung, Sport oder Gartenarbeit. Arbeiten wir körperlich, sollten wir ihm Entspannung gönnen, bei einem gemütlichen Hobby, in der Sauna oder im Dampfbad. Wasser kann uns gezielt und rasch Reize verschaffen, die uns förderlich anregen oder entspannen, wie Kneipps Wassertherapie oder die Anwendungen des „Wasserdoktors" Prießnitz.

Der Geist entspannt beim Kochen oder einer handwerklichen Arbeit, er „kommt auf andere Gedanken". Auch bei einem abwechslungsreichen Spiel, einem fesselnden Film, einer schönen Lektüre oder einem interessanten Gespräch können wir Kraft tanken.

Vertrauensvolle Beziehungen sind die reizvollste Grundlage für unser Glück, für eine „lächelnde Seele"! Freunde bieten uns vor allem Freude! Und immer wieder neue Blickwinkel! Leute mit gleichen Interessen und Zielen im Verein oder in Clubs zu treffen, verwurzelt uns im Umfeld.

Kein Facebook, Second Life oder irgendein anderes virtuelles Netzwerk ersetzt uns das, was den lebendigen Menschen ausmacht: Spontaneität, miteinander reden, lachen, zusammen etwas Schönes erleben - einfach jemand, der uns berührt!

Dornröschenschlaf

Sich ausschlafen,
sich gesund schlafen,
alles mal überschlafen.

Im Schlaf denken und fühlen wir weiter,
ja wir lernen sogar weiter.
Wir setzen alles fort,
was wir im Wachen auch tun – nur unbewusst.

Alle unsere verborgenen Kräfte
werden durch den Schlaf geweckt.

Baldrian für Körper, Geist und Seele

Bin ich „Lerche" oder „Eule"?

Unsere Schlafzeiten werden individuell von unseren Anlagen als Morgen- oder Abendmensch, von Gewohnheiten und Lebensstil bestimmt. Allerdings hängt das Schlafbedürfnis auch von Jahreszeit und Alter ab. Im Winter beispielsweise benötigt der Organismus mehr Ruhe und mit zunehmendem Alter brauchen wir weniger Nachtschlaf.

Schlaf ist eine lebensnotwendige Regenerations- und Anpassungsleistung. Im Schlaf werden die Energiereserven des Körpers aufgetankt, Wachstumshormone ausgeschüttet und Stresshormone abgebaut. Das stärkt das Immunsystem. Wir können uns also gesund schlafen!

Zum anderen sorgt der Schlaf im Gehirn dafür, dass wir lern- und anpassungsfähig bleiben. Im Schlaf werden Erlebnisse, Gedanken und Gefühle geordnet; so werden Bewusstsein und Organismus für den Wachzustand vorbereitet. Belangloses wird aussortiert, wichtige neue Informationen werden ins vorhandene Netzwerk eingeschleust – und zu neuen Mustern zusammengefügt. Dies macht unsere Kreativität aus!

Wir schöpfen im Schlaf aus dem Vollen!

Rituale

Im Schlaf denken und fühlen wir weiter, so dass es entscheidend ist, wie, mit welchen Gedanken und Gefühlen, mit welcher Haltung wir einschlafen.

Wenn wir zu viel grübeln statt zu schlafen, ist es besser, aufzustehen, aus dem Raum zu gehen, die Gedanken aufzuschreiben, eine Tasse Tee zu trinken. Schlafstörungen sind Angststörungen, Überfrachtung der Seele, des Geistes oder des Körpers mit Arbeit. Stellen wir uns am Tag unseren Sorgen und Nöten! Suchen wir Lösungen!

Wir brauchen Rituale und feste Tagesstrukturen. Das bedeutet nicht maximale Verplanung unserer Zeit! Feste Zeiten fürs Schlafen, für gemeinsame Mahlzeiten, für Freizeit und Erholung. Sie bilden den Rahmen für Freiräume: zum ungestörten Arbeiten, zum Nachdenken, zu aufmerksamen Gesprächen, zum Innehalten! Für Freunde, Familie, Partnerschaft, Erotik – für Freude im Allgemeinen!

Indem wir uns auf das Wesentliche konzentrieren, können wir tiefe Ruhe finden und fühlen uns voller Tatendrang - an jedem neuen Tag!

Ein Traum ...

Alles, was Körper, Geist und Seele bewusst erlebt haben, wird im Unterbewusstsein durch den Schlaf geordnet und gespeichert. Im Traum tritt dabei unser Bewusstsein und Unterbewusstsein in Wechselwirkung. Erlebtes wird verarbeitet, Sachverhalte und Erkenntnisse werden geklärt, Signale ans Bewusstsein gesendet. So können wir im Bewusstsein auf die Ergebnisse unserer Intuition bauen. „Lass mich noch mal drüber schlafen" heißt: Lass mein Unterbewusstsein seinen Beitrag dazu leisten!

Träume sprechen in Bildern zu uns, die wir seit Urzeiten kennen, intuitiv sozusagen. Allerdings müssen wir uns die Mühe machen, ihnen aufmerksam „zuzuhören". „Träume sind Schäume", weil sie sogleich wieder weg sind. Wenn wir nicht gezielt hinsehen, sie am besten kurz notieren, verschwinden sie ins Unterbewusstsein und wir können sie bewusst nicht nutzen.

Nur ein kleiner Teil unseres Gehirns wird auf das Bewusstsein verwendet. Entschlüsseln wir die rätselhafte Sprache unserer Träume, lernen wir von unserem Unterbewusstsein. Wir stärken unser Bewusstsein durch mehr Erfahrungswerte, kommen mit uns ins Reine, fassen bessere Entscheidungen. Diese Bewusstseinserweiterung gibt uns Sicherheit, Ruhe, ein Stück Gelassenheit!

Sinnenkult

Schöne Dinge sehen gibt uns Zuversicht.
Harmonisches hören
lässt uns taktvoll schwingen.
Feines riechen
beschert uns rosige Zeiten.
Gutes Essen genießen macht uns das Leben schmackhaft.
Angenehmes spüren
lässt uns feinfühlig sein.

Glücksempfinden

Harmonische Sinnesempfindungen sind eine wesentliche Grundlage für Gesundheit und Glück. Genuss und Wohlbefinden sind uns möglich, wenn wir uns bewusst unseren Eindrücken hingeben, unsere Sinne schulen und ihnen Gutes tun.

Jeden Augenblick wie den eigenen Augapfel hüten!

Ein offenes Ohr haben und dabei in sich hinein hören und auf sich hören!

Ein gutes Näschen beweisen, einander riechen können, immer der Nase nachgehen!

Kulinarisches auf der Zunge zergehen lassen, einen guten Geschmack pflegen!

Feinfühlig bleiben und sich rundum wohl fühlen!

Das Leben besteht aus genussvollen Momenten. Räumen wir ihnen großzügig Platz ein! Genießen wir sie in vollen Zügen!

Hören und Sehen — unser Tor zur Außenwelt

Haben wir uns bereits so sehr an die allgegenwärtige Schallbelästigung gewöhnt? Ist uns noch bewusst, was wir alles hören? Verkehrslärm, Radiogeplänkel, Musikbeschallung an allen öffentlichen Orten, Werbung, Nachrichten … Auch unsere Arbeitsplätze, selbst in den Büros, sind überfüllt mit Telefonstimmen, Gesprächsfetzen oder Apparaturen, die piepsen, rattern oder in allen Frequenzen klingeln.

Gönnen wir uns eine Zeit ohne diffuse Berieselung! Lauschen wir bewusst einer schönen Stimme, einem mitreißenden Orchester. Oder gehen wir ins Grüne und nehmen Vogelgezwitscher und Wassergeplätscher wahr – Geräusche, die dem Ohr gut tun und uns beruhigen und entspannen. Hören wir mal auf nichts und niemanden!

Die Augen sind unsere Fenster zur Welt. Wir lernen vorwiegend optisch. Alles was wir erleben, womit wir uns konfrontieren, alle Bilder, die in unser Gehirn eingehen, hinterlassen Spuren. Deshalb sollten wir für viele schöne Augen-Blicke sorgen: eine inspirierende Landschaft, ein frischer Tautropfen am Morgen, ein liebes Gesicht … Täglich können wir die Schönheit der Welt entdecken!

Riechen, schmecken, berühren — genießen!

Künstliche Duftstoffe, Abgase, auch zuviel Parfüm rufen falsche intuitive Einschätzungen in uns hervor und nehmen einem die Luft zum Atmen.

Natürliche Duftstoffe, von Kräutern, Gewürzen, Hölzern und Blumen schulen unseren Geruchssinn mit einer großen Vielfalt und erzeugen positive Gefühle in uns.

Schmeicheln wir unserem Gaumen mit ursprünglicher Vielfalt. Schmecken wir ins Leben mit seiner überwältigenden Sinnlichkeit!

Die Haut ist unser größtes Sinnesorgan und umgibt uns wie ein Schutzschild. Verwöhnen wir sie mit Berührung, Streicheln, Kuscheln, Erotik, warmen Bädern und feinen Stoffen.

Gehen wir mit unseren Sinnesorganen achtsam und liebevoll um, belohnen sie uns mit einem umfassenden sinnlichen Wohlgefühl für Körper, Geist und Seele!

Den

Geist fordern

- ERSTE GEDANKEN
- DIE ART ZU DENKEN
- SCHÖPFERISCHES DENKEN
- BILDUNG ERMÖGLICHEN
- MORAL ENTWICKELN

Sich, sein Umfeld, die Welt respektieren,
gelten lassen, reflektieren, durchdenken.
Immer dazu lernen,
Praktisches, Kulturelles, Soziales vernetzen.
Und dabei seine Linie finden,
den Geist unablässig fordern und fördern,
den eigenen Weg erhellen.

Die gesammelten Eindrücke
in die Schatzkammer der Erfahrung sortieren,
denn verknüpftes, durchdachtes Wissen bringt uns weiter.

Lösungen sind Erfahrungen – und bestimmen unser Leben!

Gesund-Denken

Lassen Sie den Gedanken nicht völlig freien Lauf. Wagen Sie Ihr Denken zu lenken! Denn die Gedanken nehmen Einfluss auf unser Lebensgefühl und unser Immunsystem.

Nicht Grübeln, Nachdenken bringt uns weiter!

Grübeln besteht aus blockierenden, endlos kreisenden und verurteilenden Selbstgesprächen, unentwegtem Kopfzerbrechen über alles, was nichts bringt!

Nachdenken dagegen ist eine intensive innere Auseinandersetzung mit Absichten und Zielen. Indem wir engagiert, sachlich und ohne Selbstmitleid Chancen und Realisierungsmöglichkeiten abwägen, denken wir zielorientiert nach. Dadurch werden wir aktiv und kommunizieren erfolgreich. Unsere Beziehungen und damit unser Handeln gelingen leichter.

Das bringt Klarheit und hält gesund!

Denken ohne Lernen ist gefährlich!

(KONFUZIUS)

Vorausschauend gestalten können wir nur, wenn wir stetig dazu lernen. Verbessern bedeutet etwas zu verändern. Und aus Fehlern lernen wir. Veränderungen und Fehler zulassen zu können, gibt uns innerliche Ruhe und Gelassenheit.

Übernehmen wir keine Glaubenssätze und vorgefertigten Meinungen. Beschäftigen wir uns innerlich mit verschiedenen Blickwinkeln. Urteilen wir achtsam und vielschichtig. Denn alles, was uns begegnet, lässt uns lernen und wachsen.

Nehmen wir Herausforderungen als Bewährungsproben und Chancen zu neuem Lernen verantwortungsbewusst und optimistisch an. Dadurch bewahren wir uns Souveränität und tragen wesentlich zu unserem Glück bei!

Ich denke, also bin ich!

(RENÉ DESCARTES)

Ein Einfall rüttelt uns auf, verrückt unsere Sicht.
Bewusstes Denken steuern wir,
absichtlich, aus freiem Willen
und aufgrund unserer Ansprüche.
Automatisches Denken passiert unbewusst,
unbeabsichtigt, ohne Wille und Mühe.
Alle unsere Denkwege führen zum Ziel!

Vielfalt mit Sorgfalt

Wir leben in einer Wissensgesellschaft – in der ungeahnte Mengen von Daten, Informationen und Wissen zugänglich sind. Gerade deshalb sind wir in höchstem Maß gefordert.

Unterschiedliche Positionen erhalten die Unabhängigkeit im Denken und damit Offenheit und Weitblick. Beziehen wir möglichst viele Blickwinkel in unser Denken mit ein. Kümmern wir uns nicht um Vorurteile!

Lesen wir bewusst, hören und sehen wir genau hin, um uns mit den Dingen konstruktiv auseinanderzusetzen. Stellen wir neue Zusammenhänge her, indem wir unsere gesammelten Erkenntnisse in die Schatzkammer der Erinnerung und Erfahrung sortieren.

Vielfältiges verknüpftes Wissen ergibt nachhaltige Lösungen – und Lösungen sind Erfahrungen, Denk- und Lebensleistungen!

Herausforderung

Hasten wir nicht nach dem Einfachsten, nach dem Weg mit dem geringsten Widerstand. Schonen wir uns nicht über die Maßen. Wir wachsen am Widerstand, an der Herausforderung!

Durch Unterforderung und langweilige Routine verfallen wir in depressive Verstimmung. Unsere vielfältigen geistigen Fähigkeiten erliegen dem ,Muskelschwund' durch geistigen Bewegungsmangel!

Setzen wir unsere verschiedenen Denkfähigkeiten in unterschiedlichen Aufgaben planvoll zu Denkexperimenten ein. Trainieren wir unser Denken, unser Gehirn:

- *Unser visuelles Denken:* Betrachten wir die Sache von allen Seiten! Machen wir uns ein Bild von der Sache!

- *Unser logisch-analytisches Denken:* Reflektieren wir alle Aspekte einer Lösungsmöglichkeit im logischen Zusammenhang!

- *Unser vernetztes Denken, unsere Assoziationen:* Vergleichen wir alle Aspekte mit unseren Erinnerungen und Erfahrungen!

- *Ein plötzlicher Einfall:* Lassen wir uns Zeit und Raum für unsere Kreativität und Leistungsfähigkeit!

Suchen wir die Herausforderung, finden wir Erfüllung.

Erleuchtung

Der Fantasie freien Lauf lassen,
ohne abzuwehren und abzuwerten.
Unterschiedliche Einfälle zulassen,
um die Dinge einfach
aus einem anderen Blickwinkel zu betrachten.

Möglichst verschiedene Hypothesen,
Vermutungen aufstellen,
das Außergewöhnliche, Ungewöhnliche,
Einzigartige, Originelle
und vor allem das Eigene finden –
erleuchtet in einem göttlichen Moment!

Spielend entscheiden

All unser Tun, Erleben und Denken beruht auf unseren Entscheidungen!

Ganz gleich ob wir uns für eine Handlung, eine Meinung, ein Ziel oder eine Beziehung entscheiden, es wirken immer die gleichen Mechanismen in uns:

- Wir stellen einen *Entscheidungsbedarf* fest.

- Nun beginnt die Zielfestlegung: Wir stellen *Alternativen* nebeneinander.

- Positive und negative *Argumente, rationaler und irrationaler Art,* die wir aus dem Gedächtnis und der Erfahrung zusammentragen, beeinflussen unser Abwägen.

- Das Ergebnis unseres Abwägens legt unsere Absicht fest. *Das stärkste positive Gefühl setzt sich dabei durch!*

- Dann *legen wir die Art und Weise der Durchführung fest:* Hier wirkt unsere angeborene *Willensstärke,* die unsere Intention gegen neu auftretende Widerstände, wie Zweifel, Bedenken, Versuchungen oder Ablenkungen abschirmt.

- Schließlich *bewerten wir das Ergebnis* unserer Entscheidung und fühlen entweder Stolz oder Reue. Letztere nutzen wir jedoch als Lernerfolg bei künftigen Entscheidungen.

Nehmen wir die Verantwortung für unser Leben entschlossen an!

Kreativität

Indem wir ausprobieren, wenden wir neue Impulse auf Altes an. Wir fügen Bekanntes neu zusammen und schaffen aus dem Vorhandenen Neues. Regeln dienen uns dabei als Gerüst, nicht als Korsett!

Wie „funktioniert" Kreativität?
Am besten heiter und gelassen! Nehmen wir uns Zeit für:

- *Vielfalt:* Verschiedenste Einfälle zulassen – so viele Alternativen wie möglich sammeln.

- *Flexibilität:* Unterschiedliche Sichtweisen einnehmen, möglichst verschiedene Hypothesen, Vermutungen aufstellen.

- *Fantasie:* Grenzüberschreitend denken, Dinge aus völlig anderer Perspektive betrachten, eröffnet neue Horizonte.

- *Originalität:* Außergewöhnliche und einzigartige Ideen, das ganz Eigene finden.

- *Entwicklung:* Sorgfältig unsere Ideen vertiefen und ergänzen, auf ihre Realisierbarkeit abklopfen.

Eine ganz neue Entdeckung zu machen, eine optimale Lösung zu finden oder eine unerhört gute Entscheidung zu treffen - dies passiert oft über Nacht, im Schlaf, ist Zufall. Dieser göttliche Funke ist jedenfalls nichts, was man willentlich erzwingen kann, wohl aber leidenschaftlich und gründlich vorbereiten! Machen wir uns auf zu neuen Ufern!

Ganzheitlich gebildet

Über uns, die anderen und die Welt nachdenken,
alles durchdenken und neu bedenken – ein Leben lang!
Lesen, also aufnehmen, begreifen
vergleichen, also prüfen, abwägen
fragen, also verstehen, durchdringen
zusammenfügen, also verknüpfen, ordnen
Und immer wieder: zupackend entscheiden!
Machen wir uns ein eigenes Bild von uns
den anderen und der Welt – bilden wir uns.

Mit Herz, Hand und Verstand

(NACH JOHANN HEINRICH PESTALOZZI)

Die Erziehungsmaxime Pestalozzis hat sich als tragfähig erwiesen. Einseitigkeit verursacht immer Schwächen. Mit allen Sinnen zu lernen, möglichst unterschiedliche Fähigkeiten auszubilden und dabei den Blick fürs Ganze behalten, formt Charakter und Persönlichkeit. Durch vielschichtige Erfahrungen von Körper, Geist und Seele, verknüpft mit fundierten Fachkenntnissen, profitieren wir von einer umfassenden und ganzheitlichen Bildung.

Mit dem Herzen fühlen wir individuell die Qualität zwischenmenschlicher Situationen, die auf alles Wissen mit einwirken. *Wir erleben und erfahren.*

Mit dem Verstand analysieren wir alles um uns herum und speichern Daten, Informationen, Zusammenhänge, geben den Dingen Bedeutung und können uns darüber austauschen. *Wir reflektieren.*

Mit der Hand schaffen wir nützliche und schöne Dinge, die uns das Leben erleichtern. *Wir handeln.*

Greifen Herz, Hand und Verstand ineinander, lernen wir mühelos dazu und machen schöpferische Fortschritte!

Erinnerungen und Tradition

Erinnerungen, aber auch überlieferte Traditionen, sind Erfahrungen, die bereits bewertet sind. Sie gönnen uns einen Vorsprung an Wissen und Erfahrung, wenn wir bereit sind, daraus zu lernen.

Bildung hat auch mit Vorbild zu tun. Romane, Biographien, Gedichte, Lieder, Musik, Bilder, Filme und ein lebendiges Gegenüber können uns Erinnerungen mitgeben, die unsere geistige Vielfalt und Weitsicht schulen. Indem wir Geschichte und überliefertes Wissen, also kollektive Erinnerung und Tradition wach halten und weitergeben, bauen wir Kultur auf und bewahren wertvolle Erfahrung. Wir müssen nicht jedes Mal das Rad neu erfinden.

„Enzyklopädie", umfassendes Wissen, bedeutet die Erziehung im Kreis und veranschaulicht, dass alles in einem Gesamtzusammenhang steht, von Anfang an. Wir sind das Glied einer Kette, die sich über uns hinaus in die Zukunft fortsetzt. Wie – das liegt in unserer Verantwortung!

Tugend —
Gipfel der Lebenskultur

Das Alte ehren,
das Neue sich bewähren lassen, das Gute mehren
und das Schlechte abwehren.

Sicher urteilen in unserem Handeln.

Aus überlieferter Erfahrung und gemäß dem Wunsch,
wie wir selbst behandelt werden wollen.

Der durchdachte Wille mit Weitsicht Gutes zu tun,
schafft Gutes für uns alle.

„Achte stets auf deine Gedanken, sie werden zu Worten.

Achte auf deine Worte, denn sie werden deine Gefühle.

Achte auf deine Gefühle, denn sie werden zu Taten.

Achte auf deine Taten, denn sie werden zu Gewohnheiten.

Achte auf deine Gewohnheiten, denn sie werden dein Charakter.

Achte auf deinen Charakter, denn er wird dein Schicksal.

Achte auf dein Schicksal, indem du jetzt auf deine Gedanken achtest."

(TALMUD)

Tugenden

Die weltlichen Kardinaltugenden sind so alt wie unsere Kultur.

Weisheit steht für sichere Urteile fällen, guten Rat geben und wirklichkeitsnahe Entscheidungen treffen. Sie beinhaltet sowohl Klugheit als auch Besonnenheit.

Gerechtigkeit bedeutet abwägendes Urteilen um zwischen Rechten und Pflichten der Menschen ein Gleichgewicht herzustellen.

Tapferkeit ist der Mut, der Angst kennt, sie jedoch überwindet. Sie enthält die Bereitschaft, Gefahren und Opfer für höhere Werte auf sich zu nehmen.

Mäßigung ist die Mitte zwischen einem „Zuviel" und einem „Zuwenig". Das betrifft Lebensführung, Ernährung, Denken, Fühlen und Zusammenleben.

Die theologischen Tugenden *Glaube, Liebe, Hoffnung* sind als Handlungsaufforderung gemeint, um den Segen Gottes zu erlangen.

Aus den vier Kardinaltugenden leiten sich auch alle bürgerlichen Tugenden ab, wie Disziplin, Zuverlässigkeit, Ehrlichkeit, Verantwortungsbewusstsein, Gelassenheit, Hilfsbereitschaft, Rücksichtnahme, Solidarität, etc.

Sie geben Orientierung und lassen uns das Leben respektieren.

Moral bringt Glück

Ohne Erziehung, ohne Vorbilder, ohne Regeln des Zusammenlebens, also ohne Tugenden, würden wir ausschließlich unsere rohe instinktgesteuerte Natur leben, wie Tiere: Selbstbehauptung, Fortpflanzung, Verteidigung unseres Reviers – also jeder gegen jeden! Erst die Tugenden machen uns menschlich, schaffen die moralische Grundlage unserer Gemeinschaft, lassen uns innerlich wachsen!

Moral entwickeln wir durch Nachahmung unserer Vorbilder: z. B. unserer Eltern, später unserer Lehrer, Freunde und auch unserer Idole aus den Medien. Werden wir mit Wertschätzung und Respekt zum Guten erzogen, entwickeln wir uns zu verantwortungsbewussten Persönlichkeiten mit Charakter. Dann ist uns ein wohlwollender Umgang miteinander selbstverständlich.

Aus freiem Willen uns selbst zu vervollkommnen macht uns glücklich, weil wir echte Anerkennung und Wertschätzung erfahren - und geben können.

Seelenleben

- ERSTE GEDANKEN
- GEFÜHLSSKALA
- FREUDIGE GEFÜHLE
- AMBIVALENTE GEFÜHLE
- DUNKLE GEFÜHLE

Gefühle bei sich selbst und anderen wahrnehmen,
sie verstehen, sie wohlmeinend nutzen
und steuern können
macht klug und umsichtig.
Dann haben wir es leicht mit uns und miteinander!

Gefühle — Triebkräfte des Lebens

Freude und Liebe, Neugier und Überraschung, Traurigkeit, Furcht, Wut, Ekel, Scham sowie Verachtung und Hass sind Grundgefühle, die bei allen Menschen Kultur übergreifend denselben Ausdruck hervorrufen, z. B. Weinen für Traurigkeit, Tobsuchtsanfälle für Verzweiflung, Lächeln für Zufriedenheit, Lachen für Freude.

Gefühle sind ein Teil der Seele und werden durch unser Bewusstsein und unser Unterbewusstsein gesteuert. Sie bestimmen, wie wir die Welt wahrnehmen und deuten. Unsere Gefühle sind der Motor unseres Lebens!

Geprägt werden Emotionen von unseren Anlagen, unserer Erziehung, der Kultur und Umgebung, in der wir heranwachsen sowie unseren unterschiedlichsten Erfahrungen.

Wir selbst sind dafür verantwortlich, was wir daraus machen! Vertrauen wir unseren Gefühlen!

Seele

Gesund-Fühlen

Jedes gute Gefühl, Zuversicht, Vertrauen, Optimismus bringen wir selbst hervor, indem wir mit uns im Einklang sind, uns selbst vertrauen und eine zuversichtliche Meinung von unseren Vorhaben entwickeln.

Schätzen und achten wir unsere Gefühle, schützen und stärken sie uns. Sie verursachen auch körperliche Reaktionen, reagieren auf unsere Gedanken und beeinflussen sie wesentlich. Fühlen wir uns schlecht, müssen wir etwas verändern: Die Situation oder unsere Einstellung

Haben Sie schon mal „mit dem Herzen gelächelt"? Ein leichtes Lächeln, das Sie als angenehmes Gefühl über ihren ganzen Körper wandern lassen – können Sie sich das vorstellen? Baden Sie doch mal in einem Lächeln … das Sie durchströmt!

Es geht für jeden von uns darum, sich immer bewusst zu machen,

- welche Bedürfnisse möchte ich erfüllt haben,
- was ist meine Motivation für mein Handeln,
- nach welchen Wertvorstellungen handle ich,
- wie gehe ich mit meinen Gefühlen um,
- wie schaffe ich mir einen weitgehend angst- und konfliktfreien Umgang?

Wie lebe ich in Harmonie mit mir und den anderen? Wofür lohnt es sich zu leben?

Das ist tägliche Pflege unserer Gesundheit!

Gemischte Gefühle

*Unsere Gefühle haben eine helle und eine dunkle Seite
– wie Tag und Nacht.*

*Und wie der Tag Wärme, Licht und Weitsicht bringt,
die Dämmerung die Änderungsbereitschaft,
so hilft die Nacht zur Beruhigung, zur Innenschau,
zur Regeneration.*

Sie alle bringen uns voran!

Die helle
und die dunkle Seite

Gefühle sind nicht ausschließlich schlecht oder gut. Alle Grundgefühle haben einen althergebrachten Nutzen für uns Menschen.

Angst warnt uns vor Gefahr, Ekel hält uns auf Abstand. Trauer lässt uns inne halten, uns erkennen und neu sortieren, zur Ruhe kommen. Zuviel Angst und Traurigkeit lässt uns jedoch innerlich ausbrennen.

Echte Freude lässt unseren ganzen Organismus aufblühen, gibt uns Kraft zum Handeln. Wer sich aber immer nur freuen will, es immer gut haben will, der belügt sich und schlafft ab. Wir können unser Wohlergehen nicht mehr schätzen, wenn es uns zur faden Gewohnheit wird.

Überraschungen bringen neue Perspektiven in unser Leben, ändern unsere Denkrichtung und halten uns lebendig. Neugier lässt uns viele Dinge entdecken, die uns das Leben leichter machen. Zuviel Neugier und Veränderung zerstreut jedoch unsere Lebenskraft.

Das ganze Spektrum an Gefühlsreichtum bringt uns Ausgeglichenheit – innere Harmonie!

Emotional intelligent

Jedes Gefühl, das wir in einer Situation erfahren oder wahrnehmen, führt unserem emotionalen Gedächtnis einen Erfahrungsschatz zu, der ihm später bei Entscheidungen hilft.

Unsere Seele wird dabei vom Gehirn und dem „klugen Bauchgefühl" beliefert. Alles was „durch den Magen geht, "uns über die Leber läuft", „an die Nieren geht" oder „Schmetterlinge im Bauch" verursacht, hinterlässt Spuren in unserem emotionalen Gedächtnis. Bei Entscheidungen ruft das Gehirn gefühlte Erinnerungen und damit verbundene körperliche Signale zu Hilfe.

Je aufmerksamer wir unsere Gefühle und die der anderen wahrnehmen, je genauer wir also eine Situation „erfühlen", umso besser werden wir uns und andere verstehen. Unsere Gefühle wohlmeinend zu nutzen macht uns klug und umsichtig in unseren Entscheidungen und unserem Handeln.

Dann haben wir es leicht mit uns - und miteinander!

Der Gipfel des Daseins

Durch Freude und positive Gefühle
fühlen wir uns wohl!

Sie ermutigen uns,
Herausforderungen anzunehmen
und verleihen uns Kraft zum Handeln.
Dadurch steigt unsere Lebensfreude
und unsere positive Ausstrahlung
– wie ein sonniger Tag.

Die Freude
erhält unseren Körper gesund
und vollendet sich in unserer reinen,
ruhigen Lebenslust
– ein kostbares Lebenselixier!

Selbstliebe

„Wenn du an dir nicht Freude hast,
die Welt wird dir nicht Freude machen."
(PAUL HEYSE)

Augenscheinlich ist Glück, ist Freude etwas, das jemand von außen zufällt – wenn er „genug" Geld hat, Gesundheit, gutes Aussehen, viele Freunde, eine liebe Familie, einen tollen Beruf, etc. Aber lassen wir uns nicht täuschen!

All das entsteht erst durch die Freude, die in uns selbst wohnt! Wir sind die einzigen, die in uns Freude aufkommen lassen können, indem wir achtsam und großzügig jeden Augenblick aufs Neue wertschätzen. Uns an den „kleinen", scheinbar selbstverständlichen Dingen freuen, wie beispielsweise an dem Sonnenaufgang, dem Lächeln eines Kindes, der zarten Berührung eines anderen. Eine Binsenweisheit? Nein, die Missachtung dessen ist eine hoch ansteckende Zivilisationskrankheit, die sich verbreitet …

Allein ein Lächeln, das wir rein physisch hervorbringen, können wir mit Konzentration in unsere Seele bringen, indem wir es uns überall in uns vorstellen!

Wir müssen allerdings den eindeutigen Willen spüren, uns selbst in unserer Einzigartigkeit anzuerkennen und uns Gutes zu tun! Das ist das Gegenteil von Egoismus und Narzissmus!

Liebe

„Glücklich allein ist die Seele, die liebt."
(JOHANN WOLFGANG V. GOETHE)

Liebe ist das meistbemühte Wort unserer Sprache heutzutage – leider allzu häufig nur Worthülse! Häufig auch etwas, was wir von außen erwarten ...von anderen, von einem günstigen Schicksal, ohne unser Zutun ...

Doch bereits in der Bibel steht: „Alle eure Dinge lasset in Liebe geschehen!" Sonst haben sie auch keinen Sinn!

Alles, was wir mit unserer ganzen Aufmerksamkeit und Hingabe, mit Freude, Wohlwollen und Begeisterung angehen, gelingt. Jede unserer Aufgaben und unserer Beziehungen lebt vom Geben und Nehmen, von unserer stetigen Arbeit und ihren Früchten.

Denn: Liebe ist Arbeit, bei der wir gleichermaßen respektvoll uns selbst und dem anderen gegenüber handeln. Liebe ist Geben und Nehmen mit offenen Händen und bringt uns Glück!

Neue Horizonte

Neugier, Staunen, Überraschung,
Sehnsucht, Lachen erweitern uns,
beleuchten die Dinge aus einem anderen Blickwinkel.
Sie lassen uns die Grenzen des Offensichtlichen,
Eindeutigen, des Schwarz-Weiß-Sehens überschreiten,
wie in der Dämmerung.
Diese Gefühle,
je nach Situation positiv oder negativ,
halten das Leben am Leben,
indem sie für die nötige Veränderung sorgen!

Leben ist stete Veränderung,
ein Kreislauf aus Kommen und Gehen,
Werden und Vergehen,
Tag und Nacht,
Glück und Trauer ...
jeder Augenblick ist entscheidend, denn er bleibt.
Aber nur für einen Moment.
Und jeden Augenblick kann sich alles verändern!

Perspektivenwechsel

Eine bestimmte Sicht auf das Leben bringt bestimmte Gefühle hervor. Ändert sich diese Sicht, ändern sich auch die Gefühle.

Ein Lachen darüber, wie jemand beispielsweise im Laufen hinfällt, kann lustig oder kränkend empfunden werden. Und je nachdem ob ich derjenige bin, der lacht, der fällt oder der dem Ganzen zusieht, empfinde ich Belustigung, Beschämung oder Mitleid bzw. Verachtung. Verschiedene Personen haben in derselben Situation womöglich andere Empfindungen, je nach Typus, Erfahrung, kulturellem Hintergrund, Empathie.

Wir tragen Verantwortung durch unsere Sichtweise. Die Welt ist so, wie unser Blick sie erfasst! Wenn wir unterschiedliche Blickwinkel einnehmen, können wir einen größeren Erfahrungsschatz entwickeln, sind wir zu mehr Mit-Gefühl, zur Empathie fähig und können ein besseres Urteil bilden.

Wagen wir ermutigende Perspektiven! Sie erweitern unsere Möglichkeiten und lassen uns souverän handeln. Das macht uns innerlich unabhängig!

Gut und Böse

Gefühle sind nicht kategorisch gut oder böse!

Neugier, wenn sie die gebotene Distanz zum anderen nicht einhält, gilt nicht mehr als „gutes" Gefühl. Auch Freude verliert ihre umfassend gute Wirkung auf Körper und Seele, wenn sie in Schadenfreude umschlägt. Furcht empfinden wir als unangenehm – wir erzeugen sie jedoch oft künstlich und wir liefern uns ihr aus freien Stücken aus, z. B. bei der Lektüre unzähliger Krimis oder in aufwühlenden Filmen. Ehr-Furcht dagegen, vor dem Alter oder dem Ewigen, zeichnet uns aus.

Hochmut, Zorn, Neid, Gier oder Geiz, Trägheit des Herzens oder Verachtung, Völlerei und Wollust bezeichnen wir als die 7 Todsünden. Aber sind nicht all jene Eigenschaften brandaktuell? Geiz ist doch geil, oder? Diese kardinalen Charakterschwächen dienen uns als Alarmsignal: Ich muss etwas ändern mit mir!

Denn wir pflegen diese „Sünden" nur dann zu begehen, wenn es uns wesentlich an Selbstliebe mangelt. Und der Schuss, mit dem wir vermeintlich auf andere zielen, geht immer nach hinten los!

Wir selbst sorgen dafür, dass wir stolz sein können auf uns, dass wir Ziele erreichen und Wohlstand aufbauen! Wir können uns und anderen die Wahrheit zumuten! Wir können ein liebevolles Familienleben und Freundschaften pflegen, ohne es allen recht zu machen!

Tun wir alles mit Liebe!

Wie neugeboren

Angst, Abscheu, Kummer, Trauer
gehören zu unserem Leben – wie die Nacht.
Dabei ziehen wir uns zurück,
um innezuhalten und zu regenerieren.

Sie erhöhen unsere Aufmerksamkeit,
sensibilisieren und schützen uns,
lassen uns neue Kräfte schöpfen,
indem wir uns unserem Inneren zuwenden.

Haben Kummer und Sehnsucht den Menschen nicht schon zu großen Leistungen animiert? Das Leiden eines geliebten Menschen hat schon so manche medizinische Entdeckung bewirkt. Die Erforschung neuer Kontinente ist aus der Sehnsucht, dem Wunsch nach „neuen Ufern" geschehen. Und hat ein Schock nicht immer auch einen heilsamen Kern, der eine neue Lösung bereit hält und uns danach wie neugeboren fühlen lässt?

Geordneter Rückzug

Probleme fordern uns heraus, Lösungen zu finden!

Kummer, Trauer, Angst rufen unser Abwehr hervor, manchmal unser Selbstmitleid. Stellen wir uns jedoch diesen düsteren Gefühlen und nehmen wir die Verantwortung dafür an. Suchen wir nach Lösungen!

Es ist so wohltuend, uns die Wahrheit einzugestehen und sie in allen Aspekten zu analysieren. Ziehen wir uns zurück, räumen wir uns Zeit, Ruhe und Abstand zu unseren Aufgaben ein, um – wie für einen guten Freund – den bestmöglichen Weg zu finden!

Weichen Angst und Traurigkeit nicht in absehbarer Zeit der Zuversicht und Gelassenheit, brauchen wir umfassendere Antworten – eventuell auch Hilfe von außen. Depressionen und Burnout haben Hochkonjunktur, womöglich, weil wir zu spät die Thematik erkennen. Oft sind wir so verstrickt in unsere Gedanken, dass wir uns im Kreise drehen. Zerlegen wir unsere Aufgaben so lange in kleinere Teilaufgaben, bis wir sie bewältigen. Mit jeder neuen Lösung, die wir finden, stärken wir das Vertrauen in uns selbst und damit auch in das Leben.

Mancher „gordische Knoten" ist einfacher zu lösen, als wir denken!

Am Anfang war es dunkel

Alles, worauf die Welt begründet liegt, besteht aus zusammenhängenden Gegensätzen: Tag und Nacht, Plus und Minus, Anziehung und Abstoßung, Yin und Yang, Liebe und Leid, Leben und Tod. Die Polarität alles Großen und Wichtigen ist ein Grundprinzip des Lebens.

Ohne Leid gibt es keine Freude, keine Liebe! Kinder, von denen man jede Anstrengung, Mühe und jede Schwierigkeit fernhält, sind bald leer und lebensmüde. Leben ist tätiges Gestalten, ist Versuch und Scheitern … beim Gehenlernen fallen Kinder viele Male immer wieder hin und tun sich weh. Sie leiden, weinen, stehen auf - und gehen weiter. Und wenn es endlich gut geht, ist die Freude umso größer!

Leid ist immer ein Prüfstein, ein Lernschritt von größerem Ausmaß. Ein Neubeginn, der uns über unsere bisherigen Grenzen trägt und uns dadurch stärker macht. Nach der Fassungslosigkeit kommt die Trauer, dann die Leere. Um diese Leere neu zu füllen, ihr Sinn zu geben, müssen wir daran glauben, dass alles in einem großen Zusammenhang steht.

Das ist für uns alle das Lebensprinzip, das uns immer mehr dazu lernen lässt, das uns schleift wie einen Diamanten: Wir wachsen am Widerstand – das bringt uns Erleuchtung!

Zusammenleben

- ERSTE GEDANKEN
- PARTNERSCHAFT
- FAMILIE
- MITMENSCHEN

Unsere Gesellschaft braucht uns alle,
unsere unterschiedlichen Fähigkeiten,
unseren ganz individuellen Beitrag zur Gemeinschaft.

Achtsamkeit, Rücksichtnahme und Freude,
mit Blick auf das Eigene und Gemeinsame,
nähren die Kräfte des Zusammenwirkens.

Das bringt uns inneren Reichtum.

Herkunft ist Zukunft

„Nur wer die Vergangenheit kennt, hat eine Zukunft!"
(WILHELM VON HUMBOLDT)

Wer wir sind und wie wir die Welt sehen, hängt von zweierlei ab: Von unseren Anlagen und von der allerersten Gemeinschaft, zu der wir uns zugehörig fühlen, unserer Familie. Sie ist der Ort, wo unser erstes Wissen, unsere ersten Werte entstehen. In ihr wollen wir unseren anerkannten Platz finden.

Später prägen der Kindergarten, die Schule, der Verein, das Wohnviertel und das Land unser Wissen und unsere Werte. Mit jeder neuen Erfahrung bauen wir auf dem bereits erworbenen Schatz auf und unsere Gefühle werden in vergleichbaren Situationen die gleichen sein.

Unsere Identität ist deshalb kein Zufall. All unser Wissen um die Welt, unsere Erfahrungen, Wertvorstellungen und unsere Gefühle formen unser Selbstbild und unser Selbstbewusstsein!

Das WIR —
unsere Gemeinschaft

„Das Ganze ist mehr als die Summe ihrer Teile."
(ARISTOTELES)

Unsere Gesellschaft und das menschliche Miteinander sollten aus einem Guss sein.

Unsere Arbeit oder Aufgabe in der Gemeinschaft bedeutet für uns nicht nur ein selbstbestimmtes Dasein. Sie leistet auch einen wertvollen Beitrag zu unserem Gemeinwesen.

Viele Leistungen, auf die ein intaktes Gemeinwesen nicht verzichten kann, erhalten nicht die gebührende Wertschätzung. Allzu oft werden diese wertvollen Beiträge ehrenamtlich geleistet, z. B. die liebevolle Betreuung von Kindern, Kranken oder Alten.

Unterschiedliche Einkommen verschiedener Berufe und Stände dürfen uns nicht dazu verleiten, überheblich oder unterwürfig zu sein. Wenn wir uns bewusst sind, wie wertvoll es für uns alle ist, dass jeder seine Aufgabe mit Hingabe und Sorgfalt erfüllt, dann begegnen wir uns auf Augenhöhe, freundlich und achtsam!

Der Zusammenhalt bringt uns äußerlichen und innerlichen Wohlstand!

Beieinander bleiben

Jeden Tag aufs Neue:
Uns gegenseitig aufrichtig wahrnehmen,
uns erkennen, uns ernst nehmen
und so lassen können, wie wir sind.
Meinungen klar ausdrücken,
den anderen dafür schätzen,
uns gegenseitig ein Gegenüber sein
– ein Team bilden.

Uns was Nettes sagen,
eine Aufmerksamkeit erweisen,
es uns immer wieder schön machen.
Gemeinsam etwas Großartiges erleben!

Das Gegenüber

"Was du liebst, lass frei. Kommt es zurück,
gehört es dir - für immer."

(KONFUZIUS)

Am Anfang einer Liebe wird die Sehnsucht entfacht: Den anderen kennen lernen zu wollen und zusammen immer wieder Schönes zu erleben! Wir haben es mit einem einzigartigen Wesen zu tun, das wir aus den Tiefen unseres Herzens lieben lernen.

Erinnern Sie sich noch, warum Sie gerade dieses Gegenüber gewählt haben?

Wenn wir eine glückliche Liebe leben wollen, bewahren wir uns diese offene Vorfreude aufeinander. Denn nichts an unserem Gegenüber in einer Partnerschaft ist selbstverständlich!

Lassen wir dem anderen seine Laster und seine „Unmöglichkeiten". Lassen wir uns gegenseitig Freiräume für diese Eigenheiten. Als wahrer Freund können wir wohlwollend und ehrlich Kompromisse schließen. Denn es gibt keine bedingungslose Liebe!

Feiern wir die Seiten am anderen, die wir immer wieder schätzen und - die uns verrückt vor Freude machen!

Das Gemeinsame — ein Team

Glückliche Partnerschaften sind auf Gemeinschaftsgeist und – arbeit gegründet. Zwei, die auf gleicher Wellenlänge sind, die sich ergänzen, die an einem Strang ziehen, die immer versuchen, auf einen Nenner zu gelangen und nicht miteinander konkurrieren!

Wie in einem erfolgreichen Sportteam kritisieren zwei glückliche (Ehe-)Partner sich freundschaftlich, wohlwollend und konstruktiv. Der eine versucht die Schwächen des anderen mit den eigenen Stärken zu kompensieren, um sich an gemeinsamen Zielen zusammen zu freuen.

Wenn wir dem Partner offen begegnen und ihn auch zuvorkommend und respektvoll behandeln, finden wir zusammen. Vorwurfsvolles Nörgeln und Sticheln bringen uns nicht weiter – es geht auch ohne!

Wie schön und ungezwungen wir es haben, wenn wir uns gegenseitig Wünsche erfüllen! Wie viel Ermutigung wir uns bedeuten! Wie viel Freude!

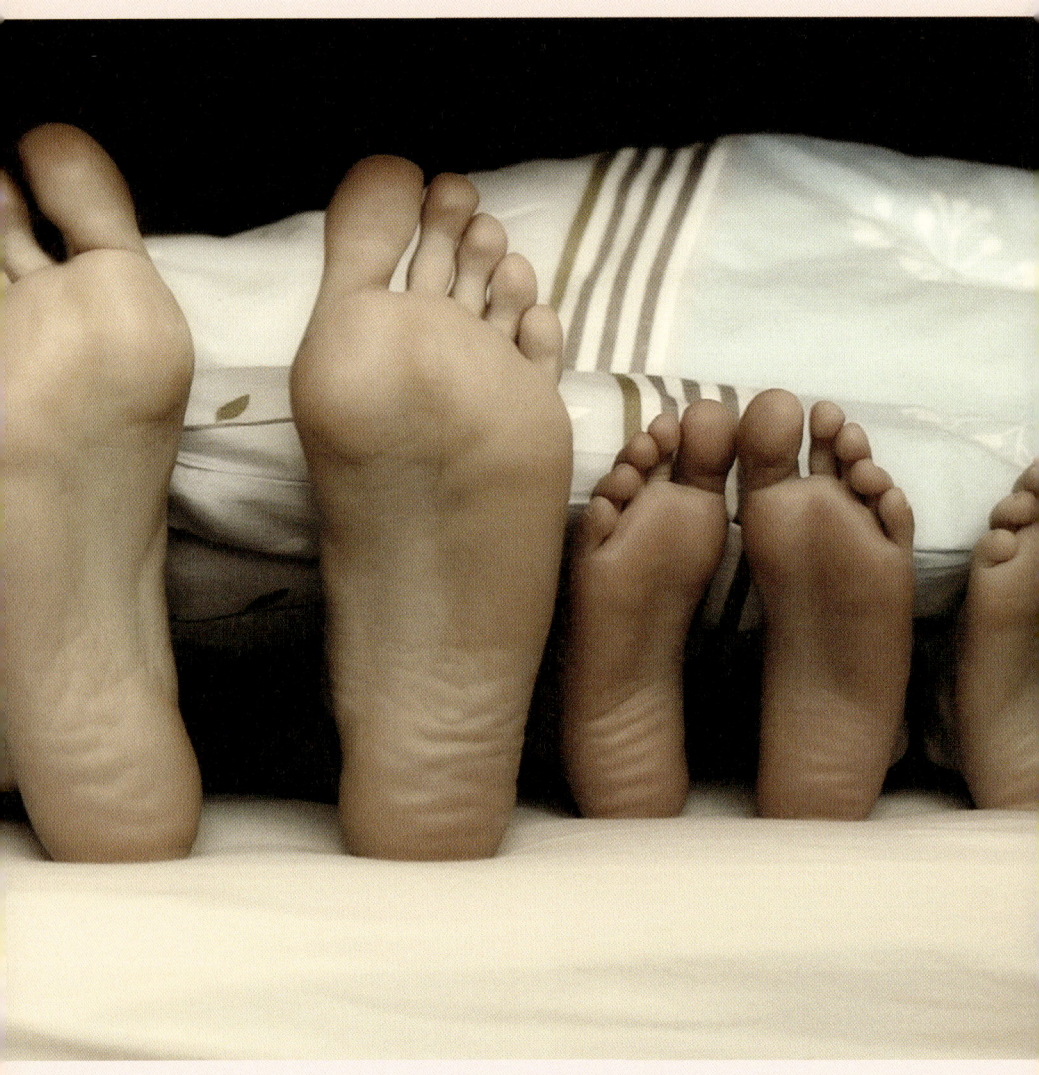

Ein warmes Nest

Die große Herausforderung annehmen,
unseren Kindern Nestwärme und Orientierung zu geben.
Ihnen Aufmerksamkeit, Anerkennung, Zeit schenken,
um sie lachen zu sehen und ihre Tränen zu trocknen.
Wertschätzende Worte für sie finden, ihnen die Hand halten,
an ihrem Leben Anteil nehmen
und ihnen ein Vorbild bieten.
Werte weitergeben, zusammenhalten.
Ihnen Kompass sein für einen selbstständigen weiten Flug!

Erziehung

Kinder großzuziehen ist eine großartige und spannende Aufgabe. Es gibt leider keinen „Führerschein", den wir dafür erwerben können … Wir lernen alles dazu Nötige, indem wir es tun.

Glauben wir den Fachleuten, ahmen einen die Kinder sowieso unentwegt nach, so dass wir einfach nur da sein und unser „Eigenes" vorleben müssen. Um sich im Freundeskreis, in der Schule, beim Spiel und später im eigenverantwortlichen Leben zurechtzufinden, geben wir Kindern einen Kompass aus Fähigkeiten und Wissen mit. Den benutzen sie entsprechend ihrer Anlagen und ihrer einzigartigen Persönlichkeit.

Lassen wir Kinder „kindlich" sein und ihre eigenen realen Erfahrungen, nah am Menschen machen. Kinder können noch nicht alles wissen, sehen, haben und machen. Jedes Kind braucht seine Zeit, um zu lernen, zu erfahren, zu reifen und sich zu entwickeln. Es benötigt liebevolle Führung, um am eigenen Tun zu wachsen.

Unsere Wertschätzung schenken wir ihm, indem wir sein Wesen von den einzelnen Handlungen trennen. Damit ermöglichen wir ihm, entsprechend seiner Reife, immer mehr Eigenverantwortung zu übernehmen.

Wir verleihen ihm Wurzeln und Flügel!

Das Familienmobile

Mutter und Vater erfüllen unterschiedliche Aufgaben in der Familie. Beide bringen sich mit Charakter, Anlagen, Erziehung aus dem Elternhaus und der eigenen Persönlichkeit ein.

Auch die Großeltern, Tanten, sonstige Verwandte, Freunde und Bekannte prägen das Weltbild des Kindes. Sie leben ihm unterschiedliche Ansichten und Charaktere vor und zeigen ihm verschiedene Arten, das Leben zu meistern. Die Vielfalt hilft einem Kind, sich besser in andere hineinversetzen zu können, sie zu verstehen und mit ihnen einen guten Umgang zu pflegen. Durch diese Leitbilder und seinen Status im Familiengeflecht findet jeder seine eigene Identität.

Als Eltern sind wir nicht die Freunde unserer Kinder, wir sind ihre Autorität, ihr Vorbild, ihr Idol – wenn wir es richtig machen. Nehmen wir sie an, wie sie sind. Verschaffen wir ihrer Stimme Gehör. Zeigen wir Ihnen die nötigen Grenzen auf. Kinder brauchen Führung, um mit Frust und Ansprüchen umgehen zu lernen. Sie müssen ihre Bedürfnisse auch mal aufschieben oder hinten anstellen können – im Dienste der Gemeinschaft, in der sie ihren anerkannten Platz finden wollen!

Vorbilder

Die Wohlwollenden, Selbstbewussten, in sich Ruhenden
in sein Leben lassen,
als guten, ermutigenden Einfluss.

Das Bestmögliche als Maßstab nehmen,
wenn wir reden und handeln.

Kindern und Jugendlichen Mut machen,
sie mit Verantwortung und Ehrlichkeit vertraut machen.
Ihnen – uns allen – das Tor zu gemeinsamen
lebenswerten Zielen öffnen.

Gemeinsam sind wir stark

Nichts, was wir tun, ist ganz und gar unabhängig von den Menschen, die uns tagtäglich umgeben. Wir orientieren uns immer in irgendeiner Weise an Ihnen: Entweder sind sie uns Vorbild, Negativ-Beispiel oder gleichgültig. Entsprechend wenden wir uns ihnen zu oder, wenn nötig, von ihnen ab.

Solidarität, Mitgefühl, aber auch ein gemeinsamer, klarer Blick für Unmoralisches ist vonnöten. Jeder bringt sich sinnvoll in die Gemeinschaft ein, lässt aber den anderen ihren individuellen Spielraum. Durch erfolgreiche Kommunikation und zielführendes Handeln wachsen wir zusammen.

Die Art und Weise, wie wir tagtäglich miteinander umgehen, prägt uns. Wir erhalten die natürliche Umwelt und unsere Gesundheit. Wir erschaffen neue kulturelle Werte und wirken am gemeinsamen Vermögen mit. Unser Tun bestimmt die Qualität unseres Gemeinwesens. Der dabei entstehende Gemeinschaftssinn spielt eine zentrale Rolle in unserem Denken und Handeln und trägt entscheidend zum Zusammenhalt bei!

Leitbild

Eine Gemeinschaft braucht ein gemeinsames Fundament von Werten und Überzeugungen, die als Ideal das Handeln der Menschen bestimmen. Medien, Politik, öffentliche Meinung und aktuelle Eliten prägen das Leitbild einer Gemeinschaft.

Jede Gemeinschaft enthält eine Hierarchie, die im Idealfall auf gegenseitigem Respekt, Verständnis und Wohlwollen aufbaut. Die Würde des Menschen bleibt dann unangetastet, wenn dem Einzelnen Selbstverantwortlichkeit und Selbstliebe ermöglicht wird. Jeder sollte sich selbst erkennen und annehmen können.

Die Gültigkeit der „Goldenen Regel" wird von Konfuzius über Aristoteles und Kant bis zu Helmut Schmidt in unsere Tage hinein betont: Benehmen wir uns so, dass die Grundlagen unseres Handelns von allen anderen akzeptiert werden können! Bleiben wir gelassen, behalten wir Augenmaß und Lernbereitschaft, handeln wir mit reinem Gewissen, nach vernünftigem und kritischem Abwägen, mit Leidenschaft, Gerechtigkeits- und Pflichtgefühl und vor allem - mit Verantwortung! Dann können wir getrost auf eine lebenswerte Zukunft zählen!

Natur

und Lebensraum

- ERSTE GEDANKEN
- LANDSCHAFT
- FLORA & FAUNA
- UNSER ZUHAUSE

*Einen Ort für sich finden,
der dem Inneren entspricht.
Den Sinnen Platz einräumen,
der die eigene Entwicklung unterstützt.*

*Die Geborgenheit einziehen lassen,
seinen Blick weiten, ein offenes Ohr behalten,
einander riechen können, sich wohl fühlen.
Sein „eigener Herr" sein – im eigenen Lebensraum.*

Großes Zusammenspiel
der Natur

„Die Natur kreiert nichts ohne Bedeutung."
(ARISTOTELES)

Alle natürlichen Gegebenheiten greifen ineinander wie die Räder eines großen zusammenhängenden Mechanismus. Erde, Lebewesen, Pflanzen und Tiere, der Mensch und das Klima bedingen sich gegenseitig.

Jedes natürliche System ist so aufgebaut, dass es sich selbst regelt und damit auch auf andere Regelkreise wirkt. Dadurch werden extreme, unnatürliche Veränderungen vermieden oder korrigiert. Auch der Mensch ist ein solches System der Natur.

Wir haben aufgrund unserer Erkenntnisse seit langem in die Natur eingegriffen. Vergessen wir nicht, dass wir nur *ein* Rädchen im großen, verflochtenen Zusammenspiel der Natur sind. Respektieren wir die Natur! Vertrauen wir ihr!

Natürlich sein

Wir können mit Achtsamkeit und aufmerksamer Beobachtung von der Natur lernen und viele natürliche Kräfte und Eigenschaften für uns alle nutzbar machen:

Gehen wir davon aus, dass die Natur für unsere ganzheitliche Gesundheit sorgen kann: Durch Landschaft, Klima, Nahrung und auch durch die Vielfalt in der Tierwelt. Haben wir Vertrauen in die zahlreichen Heilpflanzen unserer Umgebung und ihre unmittelbare Wirkung auf unseren Organismus. Stellen wir uns den Herausforderungen der Zeit und schützen Landschaften, Pflanzen und Tiere nachhaltig, um zu einer lebenswerten Zukunft beizutragen. Schaffen wir uns ein naturgemäßes Ambiente in Häusern und Gärten, indem wir mit der Natur harmonieren.

Unsere natürliche Empfindung zeigt uns, dass die Natur noch viele ungehobene Schätze für uns bereithält. Lernen wir sie besser kennen und schätzen! Nutzen wir ihre Mittel und Fähigkeiten, ihre großartige Schönheit für ein naturgemäßes Leben!

Ein Kreislauf

Selbstbestimmt und so weit wie möglich autark
innerhalb der Regionen handeln,
wird der Natur gerecht.

Ausgeglichener, achtsamer Austausch
von Rohstoffen und Wissen,
Pflege der Ressourcen
ist aktiver Erhalt der Landschaft.

Das natürliche Zusammenspiel aller Elemente
einer gesunden Umwelt
bereichert uns alle.

Land in Sicht

Unser Lebensraum ist einmalig. Seine ganz eigene Landschaft, sein Klima, seine Pflanzen und Tiere beeinflussen sich gegenseitig und bestimmen unser Leben. Zusammen bilden wir eine Einheit, eine natürliche Ordnung, in der alles aufeinander abgestimmt ist.

Rohstoffe und Ressourcen sind unsere Schätze! Es steht uns frei, zu wählen, wie wir sie achtsam und nachhaltig nutzen. Wissen Sie, was aus Erdöl alles hergestellt wird?

Die Natur ist in ständiger Veränderung begriffen, denn Leben ist Veränderung. Ihre Vielfalt, Widerstandskraft und Wandlungsfähigkeit, der leichte, selbstverständliche Energiefluss, aber auch ihre Ruhezeiten sind uns natürliche Vorbilder.

Achten wir ihre Ordnung, bringt uns das Werden und Vergehen der Natur immer neues Leben und natürlichen Reichtum. Denken wir nur an das Aufgehen der ersten Schneeglöckchen nach dem Winter!

Natur

Globaler „Klimawandel"

„Es ist besser, ein einziges kleines Licht anzuzünden, als die Dunkelheit zu verfluchen."

(KONFUZIUS)

Die ganze Welt ist immer im Wandel begriffen! In den Jahrmillionen, in denen die Erde ihr Angesicht und das Leben in ihrem Kosmos verändert hat, gehorchte sie Gesetzen, die wir lediglich ansatzweise kennen. Der Mensch hat mit seinem rasanten technischen Fortschritt und seiner „Vernetzung" in den letzten hundert Jahren deutliche Spuren in der Welt hinterlassen.

Es gibt unzählige Möglichkeiten, bedacht zu handeln und in der eigenen Umgebung für ein besseres Klima zu sorgen – mit sofortiger Wirkung:

Ein brachliegendes Gelände mit heimischen Bäumen, Sträuchern oder Kräutern zu bepflanzen. Naturdünger zu verwenden. Seltene Samen auszusäen. Nahrung und Rohstoffe achtsam zu kaufen, die in der Nähe unter natürlichen Bedingungen gewachsen sind. Energie zu sparen, wo es uns nur möglich scheint.

Denn auch das größte Puzzle besteht aus vielen kleinen Teilen!

Blühende Vielfalt

Der Anblick der Pflanzen nährt unsere Seele,
entspannt unseren Geist.
Die Flora versorgt unseren Körper.
Die Tierwelt zeigt uns die ungeahnte
Vielfalt des Lebens.
Achten wir ihre vielschichtigen Bedürfnisse,
beschenkt sie uns dafür immer wieder
mit neuem Leben.

Grüne Lunge

Die Pflanzenwelt versorgt uns mit frischer Luft, wenn sie wächst, und mit wertvollen Nährstoffen, wenn wir sie ernten. Sie gibt uns, was wir zum Leben brauchen. Dafür fordert sie von uns Achtsamkeit, Hingabe und Pflege des natürlichen Artenreichtums. Sie belohnt uns mit Leben, Gesundheit und Schönheit.

In Harmonie mit der Natur zu leben, ist reine Sinnenfreude! Ein Blumenbeet oder auch eine einzelne Blume stimmen uns heiter und öffnen uns für die vielen schönen Momente in unserem Leben.

Weites, sattes Grün klärt unsere Sinne. Unsere Ohren entspannt das Rauschen des Windes in den Baumkronen. Die Wellen des Salzwassers schmeicheln unserer Haut. Der Duft von würzigem Heu und aromatischen Blumen stärkt uns durch und durch.

Wir spüren den warmen Windhauch auf unserer Haut, den Atem der Erde – und fühlen uns geborgen! Dadurch wird unsere Seele weit und frei!

Tierisch gut

Die Tiere sorgen in einem komplexen Wechselspiel mit Pflanzen und Landschaft für den Erhalt unseres Lebensraums. Manche sind auch Teil unserer natürlichen Nahrungskette.

Das Tierreich hält uns den Spiegel vor. Die vielfältigen Arten des Zusammenlebens, des Werbens, des Nestbaus, der Brutpflege und der Nahrungssuche sind unserem Menschenleben vergleichbar. In den Instinkten, im Verhalten finden wir Berührungspunkte mit uns selbst.

An deren Lebensweise können wir Parallelen zu unserem Leben entdecken und für unsere Selbsterkenntnis nutzen. Beobachten wir sie aufmerksam, erkennen wir auch, ob unser Handeln mit der uns umgebenden Natur harmoniert.

Haben sie genug Platz?

Können sie artgemäß und gesund leben?

Tiere sind uns ein Wegweiser zu einem naturgemäßen Leben. Und sie sind uns Gefährten.

"Ich bin Leben,
das leben will,
inmitten von Leben,
das leben will."

(ALBERT SCHWEITZER)

Ein eigenes Reich,
um uns herum und
in uns drinnen,
ein Raum für Veränderung
und Wachstum,
voller Vielfalt,
der sich natürlich,
sinnlich,
wohlig und
geborgen
anfühlt.

Ein Zuhause mit Ambiente

„Wer ein Leben lang glücklich sein will,
schaffe sich einen Garten an."
(CHINESICHES SPRICHWORT)

Es tut uns jeden Tag aufs Neue gut: Uns an Orten niederzulassen, die Entfaltung und Geborgenheit ermöglichen. Morgens aus dem Bett zu steigen und sich auf den Blick aus dem Fenster zu freuen. Aus einer frischen, duftigen Dusche in einen wohligen Raum zu steigen. Eine lebendige Küche, ein sonnendurchfluteter Essplatz, eine feine Bibliothek können Pfade der Glückseligkeit sein.

Wer sich der Natur ganz nah fühlen möchte, der lege, wie der alte Chinese empfiehlt, einen Garten an. Er ist gut zur Selbstversorgung und die Kenntnis und geschickte Kombination der Pflanzen fordert den Geist. Die Seele findet im Garten Frieden, Anregung und ein Zuhause. Doch auch ohne Garten können wir uns mit blühendem Leben umgeben.

Nehmen wir die Wege, die uns weiterbringen! Suchen und schaffen wir uns Plätze, an denen wir gerne verweilen!

In der eigenen Mitte

Wir brauchen zu einem guten Leben, im Einklang mit unserer eigenen und der uns umgebenden Natur:

- Eine gut *funktionierende Umwelt,* die uns am Leben erhält,
- *Ruhe und Zeit,* um unseren eigenen Aufgaben gerecht zu werden,
- genügend *Platz zum Leben,* um unsere guten Eigenschaften zu entwickeln,
- die *ganze Bandbreite großer und kleiner Gefühle,* um seelisch intakt zu bleiben,
- die *Förderung unserer Anlagen,*
- *eine wertorientierte Erziehung* und
- vor allem die Möglichkeit zur *Selbstbestimmung.*

Wie ein Baum seine Wurzeln braucht, so sind auch für uns Menschen diese natürlichen Grundlagen von großer Bedeutung. Wir halten aufgrund unserer Vernunft, unseres Instinkts und Feingefühls die Verantwortung dafür in unseren Händen. Beleben wir Körper und Geist und schaffen wir ein ideales Ambiente für unsere Seele!

Kultur

- ERSTE GEDANKEN
- MORAL, ETHIK, RELIGION
- KUNST UND MEDIEN
- WISSENSCHAFT UND TECHNIK
- WIRTSCHAFT

Unsere Kultur
offenbart sich in der Art,
wie wir denken und sprechen,
fühlen und handeln,
uns künstlerisch ausdrücken,
wie wir für unser Leben sorgen,
es stetig verbessern,
es uns einrichten in dieser Welt.
Wir bestellen das Feld unseres Lebens.

Was ist Kultur?

All das, was wir Menschen geschaffen haben, ist Kultur. Das Ziel aller Kultur ist Schönheit und Harmonie.

Die Grundlage der Kultur ist die *Sprache*. Sie drückt unser Denken und Fühlen aus und verbindet uns mit einer Gemeinschaft. Jede Generation verändert sie. Gehaltvolle Literatur und Gespräche zu genießen, fordert unseren Geist.

Gute *moralisch-ethische Ansichten* und wohlwollendes, positives Gedankengut weiterzugeben macht unsere Seele weit und hell!

Kunst ist der Spiegel unserer Kultur. Sie hilft uns reflektieren und uns selbst zu erkennen.

Auch *Wissenschaften und Technik* sind Teil unserer Kultur, gestalten unseren Alltag, unsere Wünsche und Ziele und unseren Fortschritt.

Unser *wirtschaftliches Handeln* ist ebenso Teil unserer Kultur, denn es bestimmt das Zusammenleben in unserer Gesellschaft.

Kultur

Das Maß ist der Mensch

Alles, was wir erschaffen, soll dem Einzelnen und unserer Umwelt zugute kommen. Der Mensch ist ein Wesen, das sowohl gesunden Egoismus wie Gemeinsinn benötigt, um menschenwürdig wachsen zu können.

Mit eigener Sprache, einer festen eigenen Moral und Ethik und durch Selbstreflexion entwickelt sich ein seelenvoller Mensch, die tragende Säule einer Gemeinschaft.

Mit Privateigentum, sinnvoll in Gemeinschaftseigentum eingebettet, für das alle die Verantwortung tragen, ist soziales Wirtschaften möglich.

Mit Wissenschaft und Technik, die dem Einzelnen und der Gemeinschaft gleichermaßen dienen, steuern wir eine gute Perspektive für uns alle an!

Der Mensch, der sich selbst liebevoll behandelt, wird auch der Natur und anderen Menschen achtsam und wertschätzend begegnen. Nutzen wir unsere menschliche Kreativität für eine gute Entwicklung!

In guten Händen

Wissenschaftliche und technische Entwicklungen
in unser Leben einbetten –
Die Seele mit dem Geist verbinden.

Kritisch Abstand halten.

Eine unabhängige Haltung
mit Verantwortungs- und Pflichtgefühl
für Mensch und Natur bewahren.

Maßhalten und Selbstvertrauen sind die guten Hände
in denen unser Wissen wohlbehütet gedeihen kann!

Ohne Schönheit keine Moral

„Ästhetik ist die Mutter der Ethik."

(JOSEPH BRODSKY)

Es ist erwiesen, dass der Mensch sich gewöhnlich an seine Umgebung anpasst. In Versuchen wurde ein „Broken Windows"-Effekt festgestellt. Man hat einen Briefumschlag mit Geldscheinen, die von außen zu sehen waren, nur halb in einen Briefkasten gesteckt. War die Umgebung mit Müll und aggressivem Graffiti „behandelt", nahmen die meisten das Geld mit. War dieselbe Umgebung sauber, gepflegt und ordentlich, haben die meisten Passanten, die dies bemerkten, den Umschlag sorgfältig wieder ganz hinein in den Briefkasten gesteckt!

Chaos provoziert unser Bedürfnis nach Struktur und Ordnung. Schönheit, Regeln und Harmonie in unserer Umgebung ahmen wir nach, wenn wir zu einer Gemeinschaft dazugehören wollen. Nach dem natürlichen Grundsatz „wie außen, so innen", orientieren wir uns auch innerlich an den Regeln des Umgangs miteinander. Jedes Chaos ruft nach Harmonie!

Jeder werde nach seiner Fasson glücklich

„Alles wanket, wo der Glaube fehlt."
(FRIEDRICH VON SCHILLER)

Unser Glauben ist das Haus unserer Seele. Unsere Glaubensgrundsätze schützen uns in widrigen Verhältnissen, geben uns Orientierung im Leben und zeigen den anderen, wer wir sind.

Überlieferte Werte formen unsere Moral und Ethik. Jeder Einzelne trägt durch seine moralischen und ethischen Grundsätze zu unserer Kultur und ihrem Gemeinschaftsgeist bei. Dieser Geist bestimmt, was als gut angesehen wird, was geduldet und was abgelehnt wird.

Ob es ein großmütiger, wohlwollender Geist ist, der uns umgibt, bestimmen wir selbst, bestimmt unsere Seele! Wie wir unser Haus gestalten, hängt von der Seele ab, die darin wohnt!

Kunst —
das Herz der Kultur

„Die Kunst ist eine Vermittlerin des Unaussprechlichen.“
(JOHANN WOLFGANG V. GOETHE)

Der harmonische und lebendige Ausdruck

des Lebens zwischen Himmel und Erde

in der Gestaltung

des Menschen.

In Gegenständen,

Wörtern,

Klängen,

und Bildern.

Kunstschaffen — alles ist Zeitgeist

"Die Kunst ist eine Tochter der Freiheit."

(FRIEDRICH V. SCHILLER)

Zu allen Zeiten und in allen Kulturen haben Menschen Kunst geschaffen – dies ist eine spezifisch menschliche Eigenschaft. Kunstschaffen setzt voraus, dass wir über uns nachdenken, dass wir uns sozusagen von außen betrachten. Dann können wir das, was wir erkennen, in eine ausdrucksvolle Form gießen. Als Symbol, als Stellvertreter mit Aussagekraft sozusagen.

Kunst ist somit ein Mittel, sich anderen mitzuteilen. Der Künstler eröffnet Blickwinkel, die neu und doch vertraut sind. Und er bildet immer auch den Zeitgeist ab. Das sind Einstellungen, Grundlagen des Lebens im Hier und Jetzt. Unsere Kunst ist die Fußspur, die unsere Zeit hinterlässt. Sie entwirft bereits die Zukunft.

Wie sieht unsere Kunst aus? Was sagt sie uns? Literatur, bildende Kunst, Plastik, Architektur, Musik und Film haben jeweils ihre eigene Sprache, die wir intuitiv verstehen. Nutzen wir sie für ein tieferes Verständnis unserer Welt!

Fiktives und Virtuelles

Die Macht der Medien beeinflusst uns. Zeitungen, Zeitschriften, das tägliche Fernsehen und Radiohören und schließlich die unendlichen Möglichkeiten des Internets versorgen uns mit einer nicht zu überblickenden Flut von Informationen und Bildern. Und obwohl wir in einer so bunten Welt leben, die uns unzählige verschiedene Angebote macht, war die Konformität noch nie so hoch wie heute. Der Mensch scheint nicht gemacht, um so viele Möglichkeiten zu überblicken. Deshalb ist er wesentlich lenkbarer als früher!

Und wir müssen Acht geben, dass wir Fiktion nicht mit der Realität verwechseln – sie sieht ihr immer täuschender ähnlich!

Maßvoller und wählerischer Umgang mit den Segnungen des „Medialen Zeitalters" verschaffen uns mehr Souveränität und Unabhängigkeit im Denken und Fühlen!

Die Schöpfung

Unseren wissenschaftlichen Forschritt
als Teil des großen Ganzen sehen,
in dem wir nur ein Rädchen
in einem großen, komplexen Gefüge sind.

Die Möglichkeiten nutzen
für unser aller Wohlergehen,
für ein längeres, besseres, erfülltes Leben.

Unser Leben tiefer verstehen.

Neugier und Fortschritt

Forschung ist Neugier und stetiges Lernen, um mehr über uns und die übergeordneten Zusammenhänge herauszufinden. Sie hat segensreiche Entdeckungen inzwischen bewährter Heilmethoden und Versorgungsmöglichkeiten hervorgebracht.

Wir Menschen sind vermutlich die einzigen Wesen der Natur, die über sich hinaus denken können. Damit bestimmen wir über die Gegebenheiten außerhalb von uns selbst. Doch unsere komplexen Lebensgrundlagen werden wir in seinen universellen Zusammenhängen nie ganz erfassen. Hier brauchen wir Demut und Maß!

Halten wir bei aller Neugier und Veränderungsbereitschaft an einem schönen, positiven, seelenvollen Ideal von uns fest. Respektieren wir uns, auf dass es uns leicht fällt, eine lebenswerte Zukunft zu gestalten! Glauben wir an unser wohltuendes Potential!

Kultur

Findige Lösungen

Unser Leben ist durch die technischen Errungenschaften sicherer und auch bequemer geworden. Viele Gefahren haben wir gebannt und zahlreiche Möglichkeiten eröffnet.

Das Leben ist flexibler, mobiler und globaler geworden. So sehr, dass wir aufpassen müssen, dass uns der zeitliche Fortschritt nicht mit Siebenmeilenstiefeln überholt.

Die Welt um uns herum ist informativ, anregend und voller Reize. Rund um die Uhr erreichen uns Nachrichten und Bilderfluten aus aller Welt. Doch sind diese Informationen nicht bereits vorsortiert und manipulieren unsere Sichtweise?

Nehmen wir uns die Freiheit selbst zu entscheiden, welche Anregungen wir wirklich brauchen!

Einen Wegweiser gibt es in dieser Flut — die eigene Intuition! Wie wir diese Vielfalt und ungeahnten Möglichkeiten für den *menschlichen Fortschritt* nutzen, liegt ganz in unserem freien Ermessen! Wissenschaft und Technik sind schließlich für uns da — nicht umgekehrt!

Gesundes Wirtschaften

Das, was wir am besten können,
mit dem verbinden,
was die Gemeinschaft braucht,
und mit Herzblut daran arbeiten.

Mit Freude und Wohlwollen
in hoher Qualität
wirtschaftliche Ziele verwirklichen,
deren gesundes Maß der Mensch
und die Natur ist.

All das macht uns auch innerlich reich.

BERUF*ung*

> *„Wahrer Beruf für den Menschen ist nur,*
> *zu sich selbst zu kommen."*

(HERMANN HESSE)

Sinn erhält das Leben durch unser Handeln, das unseren inneren Bedürfnissen, unserer Berufung, entspricht. Ein Beruf dient der Sicherung des Lebensunterhalts, wir werden dafür ausgebildet. Im Idealfall sind wir dazu berufen und können darin unsere besonderen Fähigkeiten zur Geltung bringen! So erfüllen wir unsere persönliche Lebensaufgabe!

Wenn es uns gelingt, unsere besten Eigenschaften in unserer Arbeit im Leben zu entwickeln, fühlen wir uns gefordert, bestätigt und selbstbestimmt. Durch fortwährendes Lernen und Verändern finden wir im Beruf und darüber hinaus Erfüllung.

Finden wir unsere Lebensaufgabe und folgen wir ihr!

Nah am Menschen

Sinnvolles Wirtschaften bedeutet, dass Geldverdienen und menschlicher Fortschritt Hand in Hand gehen.

Wir wirtschaften zunächst, um unsere Grundbedürfnisse zu stillen. Darüber hinaus arbeiten wir an unserer individuellen Lebensaufgabe, mit der wir uns in unsere Gemeinschaft einbringen.

Unternehmen haben die Aufgabe erfolgsorientiert zu arbeiten. Die große Herausforderung für die Verantwortlichen ist, gleichzeitig Bedingungen zu schaffen, die jedem Mitarbeiter die Entfaltung seines Potentials ermöglichen. Fühlen sich Mitarbeiter respektiert und gefördert, arbeiten sie motiviert, selbstbestimmt und loyal. Es nützt uns allen, wenn jeder seine ganze Bandbreite an Fähigkeiten und Interessen mit Freude für seine Erfüllung einsetzt. Das gelingt, indem wir unseren Reichtum wahrnehmen und dafür achtsam Sorge tragen!

Wir finden für frohes Schaffen gute Lösungen, wenn uns intakte menschliche Seelen und funktionierende Gemeinschaften viel wert sind!

Das große Ganze

- ERSTE GEDANKEN
- GANZHEITLICH LEBEN
- JA ZUM LEBEN
- DER SINN DES LEBENS

Erfüllt von der Zuversicht,
dass die Welt in einem großen sinnvollen
Zusammenhang steht,
jeder seinen Platz in einer Gemeinschaft hat.

Glauben, dass alles Gute tief in uns begründet liegt,
und alles Schlechte, alle Fehlschläge notwendig sind,
um uns weiterzuentwickeln.
Das Leben und die anderen gelten lassen, wie sie eben sind.
Die Dinge in die Hand nehmen und darauf vertrauen,
dass alles gut wird.

Heldenreise

Wie der Held im Märchen treten wir eine Reise an, wenn uns das Fernweh ruft, wenn das Hier und Jetzt zu eng geworden ist, in eine Sackgasse gerät. Neues zu sehen, zu erleben, eigene Widerstände zu überwinden und sich den Herausforderungen zu stellen, verrät sehr viel über den Stand der eigenen Persönlichkeit und bringt uns ein gutes Stück weiter in unserer natürlichen lebendigen Entwicklung.

Wo stehe ich?

Was verraten mir meine Widerstände?

Kann ich die Herausforderungen annehmen?

Was sind meine Werkzeuge, meine Helfer, um Lösungen zu finden – was beherrsche ich sehr gut?

Veränderungen sind nötig, um Aufgaben und Konflikte zu bewältigen, aber sie begleiten unser Leben auch in allen natürlichen Phasen: Schulanfang, Pubertät, Schulabschluss, Umzug, Heirat, Geburt, Rente o. ä.

Und jede kleine Heldenreise benötigt eine Initiation, also eine Überwindung – und zur Belohnung gibt es einen Schatz, der den Alltag verändert!

Wandel

Wenn wir die Zeitung aufschlagen, Nachrichten sehen, uns in unserer Umgebung näher umsehen, entdecken wir vieles, was eine Veränderung vertragen würde. Die Umstände in unserem Land, in unserer Gesellschaft sind nicht für immer in Stein gemeißelt. Was vielen Menschen auf Dauer schadet, wird nicht von Dauer sein.

Wenn jeder von uns seine kleine Verantwortung tagtäglich annimmt und das im Rahmen seiner Möglichkeiten mit seinen „Werkzeugen" verändert, was verändert werden kann, kommt ein Schatz zu Tage, der auch unsere Mitmenschen verwandelt.

Lassen Sie uns unsere zwischenmenschlichen Konflikte möglichst mit Freundlichkeit und Wohlwollen lösen! Pflanzen wir noch heute in aller Seelenruhe ein Apfelbäumchen! Machen wir es uns heute, hier und jetzt so lebenswert wie nur möglich! Verwandeln wir unseren Alltag – das ist kein Zauberkunststück!

Der große Zusammenhang

Unsere Umgebung stellt die Weichen.
Ein gesunder Körper ist die Erde,
in der immer wieder Neues aufkeimt.

Unsere Saat sind unsere Werte.
Stetiges Lernen ist das reine Wasser,
das das Leben immer wieder aufs Neue nährt!

Unsere Begeisterung und unsere Wertschätzung
lassen unser Werk gedeihen
wie die Sonne die Frucht.

Körper, Seele und Geist
wie unsere Umgebung zu pflegen
bringt uns zur vollen Blüte!

Zusammenhalten

Eine gute Gemeinschaft lässt Wertschätzung und Begeisterung wachsen, denn alles, was wir tun, ist miteinander verflochten. Je besser wir die anderen verstehen, desto besser arbeiten wir zusammen.

Wir ergänzen und erweitern unsere Fähigkeiten, Erkenntnisse und Errungenschaften, wenn wir uns mit den anderen zusammentun. Wir entwickeln uns gemeinsam weiter.

Harmonieren wir, wo es möglich ist, respektieren und vervollständigen wir uns. Und tolerieren wir uns, wo kein Verständnis möglich scheint. Über alle Gegensätze hinweg haben wir uns viel zu geben: Frau und Mann, Jung und Alt, Arbeitnehmer und Arbeitgeber, Reich und Arm, Gebildete und Ungebildete, Hausfrauen und arbeitende Frauen können alle wesentlich zu einem schönen gemeinsamen Leben beitragen!

Wir brauchen die Vielfalt – wir brauchen uns alle!

Frei entscheiden

Freuen wir uns über die mannigfachen Möglichkeiten unseres Lebens! Erwarten wir von uns und den anderen jedoch nicht zu viel, bleiben wir realistisch. Wenn wir menschliche Fehler zulassen können, dann sind wir auch bereit zu lernen. Wir haben die Kraft, die Dinge um uns herum zu verändern, die verändert werden müssen. Wir können die Dinge akzeptieren, die nicht geändert werden können. Und wir wissen zwischen den beiden zu unterscheiden.

Bringen wir uns mit unserem Besten ein – das erleichtert uns die Entscheidung!

Wie in einem Schwarm von Zugvögeln orientieren sich zwar alle in einer funktionierenden Gemeinschaft aneinander und einigen sich über die Richtung und das Ziel. Doch jeder Einzelne fliegt für sich allein und braucht Platz, um seine ganze Flügelspanne auszuschöpfen!

Finden wir unsere Aufgabe, so dass wir uns zur rechten Zeit am richtigen Ort fühlen! Und lassen wir uns Platz zur Selbstentfaltung!

Ich lebe mein Leben

(Rainer

... in wachsenden Ringen ...
(...MARIA RILKE)

Sich weiterentwickeln
und dazulernen.
Verstehen, wo die Ursachen liegen.
Sich gewiss sein,
selbst die Verantwortung zu tragen,
und die Fäden in der Hand zu halten.
Erkennen, dass es sich lohnt, gut zu handeln!

Frei von Angst,
uns innerlich und äußerlich
vertiefen,
erweitern,
bereichern.
Heute noch. Hier. Jetzt.

Sich verantwortlich fühlen

Halten wir die Fäden in der Hand! Warten wir nicht, bis das Fass überläuft, bis die Wut überhand nimmt. Artikulieren wir unseren Unmut klar und selbstbewusst – wir können nicht mit allem einverstanden sein! Vieles ist aber so unwichtig, dass wir uns die Aufregung sparen können.

Kümmern wir uns um uns selbst! Entdecken wir das Kind in uns, das wir unser ganzes Leben lang mitnehmen. Geben wir ihm, was es braucht: Aufmerksamkeit, Fürsorge und liebevolle Zuwendung, Gelegenheit zum Freuen! Entdecken wir mit ihm zusammen, wie lustig wir sein können, wie ungezwungen, wie gelassen! Nehmen wir unsere Verantwortung an!

Blicken wir auf jeden Tag dankbar zurück, vor allem auf das Positive, das Schöne, das wir erlebt haben. Sorgen wir für unsere Zufriedenheit! Ermutigen wir uns! Denn Zuversicht lohnt sich.

Nachhaltig in jedem Augenblick

„Reich wird man erst durch Dinge, die man nicht begehrt!"
(Mahatma Gandhi)

Freuen wir uns an den schönen Momenten in unserem Leben! Erkennen wir den wahren Reichtum an: Unsere tiefe Freude an dem, was wir gerade tun, an jenem, mit dem wir im Moment zusammen sind! Kosten wir diese herrlichen Gefühle des Aufgehens im Augenblick ganz aus!

Konzentrieren wir uns bei der Nutzung unserer Ressourcen, bei der Organisation unserer Arbeit und der Einteilung unserer Zeit auf das Wesentliche: Auf unser aller naturgemäßes, ganzheitliches Wohlergehen. Leben wir im Einklang mit unserer eigenen und der uns umgebenden Natur. Dann haben wir eine Zukunft!

Lernen wir Ruhe und Frieden aus unserer eigenen Quelle zu schöpfen, damit wir für jeden schönen Moment alle Zeit der Welt haben! Fühlen wir uns nachhaltig reich! Genießen wir!

Reise des Lebens

Wer auf dem Strom des Lebens
seinen eigenen Weg finden will,
braucht ein Boot,
das ihn schützt und trägt
und sicher zum Ziel bringt.

Wie soll mein Boot aussehen,
wozu soll es taugen?
Was ist mein Ziel?

Bauen wir uns ein Boot
mit Intuition und Fantasie.
Folgen wir unserer Sehnsucht!

Wachsen

Sehen wir auf uns selbst, hören wir in uns hinein.
Sind das meine Möglichkeiten?
Was fehlt mir? Was kann ich tun, um erfüllt zu sein?
Was wollte ich schon immer mal machen?

Je weniger wir sollen und müssen, desto weniger Druck und Wut spüren wir. Äußere Ursachen sind nur bedingt für unsere Unzufriedenheit verantwortlich. Sie sind Auslöser oder Hindernisse, die eine andere Strategie, eine Veränderung und Anpassung erfordern.

Suchen wir bei uns selbst nach der Lösung. Vergleichen wir uns nicht immerzu mit den anderen, kehren wir vor unserer eigenen Tür, um sie einladend zu gestalten. Bringen wir die äußerlichen Dinge in unserem Leben in eine für uns angenehme Ordnung, dann passen wir auch unsere innere Haltung an. Neue Perspektiven schaffen neue Lösungen.

Tun wir das, wofür wir uns entscheiden, mit ganzem Herzen! Gehen wir offenen Auges und frohen Mutes unseren eigenen Weg. Und nehmen wir das Leben, wie es kommt. Denn alles hat seinen Sinn!

Selbst bestimmen

Eines Abends erzählte ein alter Indianer seinem Enkel vom Kampf, der in jedem Menschen tobt: „In unserem Herzen leben zwei Wölfe. Sie kämpfen oft miteinander.

Der eine Wolf ist der Wolf der Dunkelheit, der Ängste, des Misstrauens und der Verzweiflung. Er kämpft mit Zorn, Neid, Eifersucht, Sorgen, Schmerz, Gier, Selbstmitleid, Überheblichkeit, Lügen, falschem Stolz.

Der andere Wolf ist der Wolf des Lichts, der Lust, der Hoffnung, der Freude und der Liebe. Er kämpft mit Gelassenheit, Heiterkeit, Güte, Wohlwollen, Zuneigung, Großzügigkeit, Aufrichtigkeit, Mitgefühl und Zuversicht.

Der kleine Indianer dachte einige Zeit über die Worte seines Großvaters nach und fragte ihn dann: „Und welcher Wolf gewinnt?“.

Der alte Indianer antwortete: „Der, den du fütterst.“

Wie wir uns fühlen und wie wir handeln, hängt von unseren Gedanken ab! Unser Glaube, unsere Haltung, die Erwartung, mit der wir ans Leben herantreten, bestimmen unsere Zukunft.

Wir können Berge versetzen!

Bühler, Franz X. - MENANI, Rott am Lech, 2012
Vom Kopf ins Herz

Bühler, Franz X. - MENANI, Rott am Lech, 2012
Mehr Vom Kopf ins Herz

Bruker Dr. med., M. O. - emu, Lahnstein, 2003
Unsere Nahrung - unser Schicksal

Die Zeit - div. Ausgaben

Frankfurter Allgemeine Zeitung - div. Ausgaben

Fromm, Erich - Rowohlt, Reinbek, 1974
Die Revolution der Hoffnung - Für eine humanisierte
Technik

Fromm, Erich - Ullstein, Frankfurt/Main, 1977
Die Kunst des Liebens

Fromm, Erich - dva, Stuttgart, 1976
Haben oder Sein - Die seelischen Grundlagen einer neuen
Gesellschaft

Fromm, Erich - dtv
Über die Liebe zum Leben - Rundfunksendungen /
Herausgegeben von Hans Jürgen Schultz

Geiger, Ludwig V. - BLV, München-Wien-Zürich, 1999
Gesundheitstraining: Biologische und medizinische Zusammenhänge; gezielte Bewegungsprogramme zur Prävention

Geiger, Ludwig V. - BLV, München-Wien-Zürich, 1997
Überlastungsschäden im Sport

Geiger, Ludwig V. - Rosenheimer, Rosenheim, 2002
Superhenry - Die abenteuerliche Entdeckung unseres
Körpers

Geo Wissen - Gruner + Jahr, 2003
Bildung - Wie das Lernen wieder Spaß macht

Konopka Dr., Peter - Wander, Osthofen,1984
Sport, Ernährung, Leistung

Lauster, Peter - Rowohlt, Reinbek, 1985
Die Liebe - Psychologie eines Phänomens

Lauster, Peter - Rowohlt, Reinbek, 1985
Lassen Sie der Seele Flügel wachsen - Wege aus der
Lebensangst

Lazarus, A. A. und C. N. - Klett-Cotta, Stuttgart, 1999
Der kleine Taschentherapeut - In 60 Sekunden wieder o.k.

Li Zhi-Chang - Heyne, München, 1999
Mit dem Herzen lächeln - 100 Wege, um 100 Jahre alt zu
werden

Linneweh, Klaus - Dt. Sparkassenverlag, Stuttgart, 1996
Streßmanagement - Der erfolgreiche Umgang mit sich selbst

Lorenz, Konrad - R. Piper & Co. Verlag, 1973
Die acht Todsünden der zivilisierten Menschheit

Miketta, Gaby - Trias Thieme, Stuttgart, 1992
Netzwerk Mensch - Psychoneuroimmunologie: Den
Verbindungen von Körper und Seele auf der Spur

Pudel, Volker - in: Neue Wege in der Prävention, Siegfried
Höfling (Hrsg.), Hanns Seidel Stiftung
Prävention und Ernährungsverhalten

Quindlen, Anna - btb, München, 2000
Glücklich leben

Spitzer, Manfred - dtv, München, 2006
Vorsicht Bildschirm! Elektronische Medien, Gehirn-
entwicklung, Gesundheit und Gesellschaft

Schmidt, Helmut - Goldmann Verlag, München, 2000
Auf der Suche nach einer öffentlichen Moral - Deutschland
vor dem neuen Jahrhundert

Schnabel, Ulrich - Blessing, München, 2010
Muße - Vom Glück des Nichtstuns

Servan-Schreiber, David - Goldmann, München, 2006
Die neue Medizin der Emotionen - Stress, Angst,
Depression: Gesund werden ohne Medikamente

Sprenger, R. K. - Campus Verlag, Frankfurt/Main, 2002
Mythos Motivation - Wege aus einer Sackgasse

Sterbling, Anton - Landesverband Bayern der Landsmann-
schaft der Banater Schwaben e. V., 2008
Suchpfade und Wegspuren - Über Identität und Wanderung

Süddeutsche Zeitung - div. Ausgaben

Volk, Hartmut - div. Artikel u. a. in: Handelsblatt, 01.01.1996
Der Mensch kann sich sogar gesunddenken

Wagner-Link, Angelika - in: Neue Wege in der Prävention,
Siegfried Höfling (Hrsg.), Hanns Seidel Stiftung
Lust statt Last - Einige psychologische Überlegungen zu
Gesunheitsförderung und Prävention

Wikipedia - div. Artikel, u. a. Geist, Glück, Seele, Tugenden,
Werte; Kant, Konfuzius, Schopenhauer

COPYRIGHTS

S. 20:   Tim Caspary, pixelio.de

S. 22:   earlysummer, photocase.com

S. 24:   Gudrun Kopf

S. 46:   Sarah Blatt, pixelio.de

S. 58:   Mathias Klingner, pixelio.de

S. 66:   photogl, fotolia.de

S. 70:   Carlo Schrodt, pixelio.de

S. 102:   melrose, photocase.de

S. 106:   Gisela Klöck

S. 126:   Gudrun Kopf

S. 130:   Christina Bieber, pixelio.de

S. 150:   Gudrun Kopf

S. 154:   Michael Lorenzet, pixelio.de

Bestseller in vielen Sprachen

Wir freuen uns, mit diesen Büchern
zu Ihrem Lesevergnügen und zu Ihrer Entspannung
beitragen zu können.

Das Bestseller-Geschenkbuch
mit persönlicher
Widmungsseite

Vom Kopf ins Herz
ISBN 978-3-941633-10-0

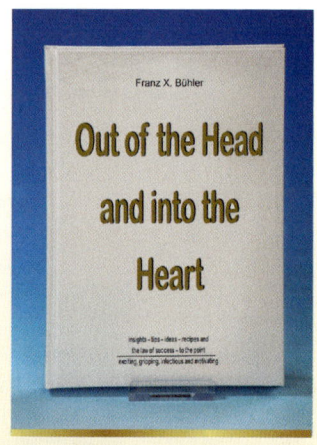

**Out of the Head
and into the Heart**
ISBN 978-3-941633-12-4

Vom Kopf ins Herz
Hörbuch – 3CDs
ISBN 978-3-941633-14-8 / 29,80 €

Bestseller in vielen Sprachen

„Vom Kopf ins Herz"
Geschenk mit Herz

für Ihre Gäste,
für Ihre Kunden,
für Ihre Mitarbeiter,
für Ihre Freunde

Dalla mente al cuore
ISBN 978-3-941633-13-1

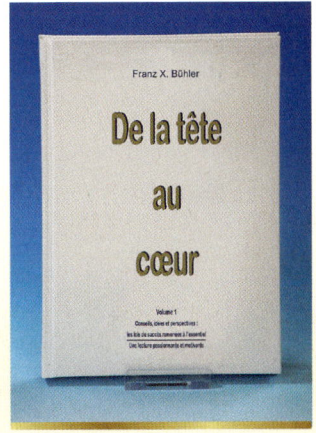

De la tête au cœur
ISBN 978-3-941633-20-9

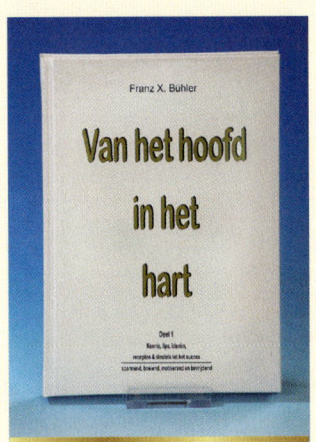

Van het hoofd in het hart
ISBN 978-3-941633-19-3

Band 2 des Bestsellers

Fortzetzung von
Band 1

Mehr ...
Vom Kopf ins Herz
ISBN 978-3-941633-11-7

Ulteriori pensieri ...
Dalla mente al cuore
ISBN 978-3-941633-25-4

Inhalt – die Hauptkapitel:

- Einstellungen, die dich weiterbringen
- Das Leben besteht aus unzähligen Momenten
- Angst als Bremse – Angst als Förderer
- Reichtum ist mehr als ein Wort
- Begeisterung, Treibstoff der Zukunft – heute verfügbar
- Erkenntnisse, wahr und alltagstauglich
- Schlüsselerlebnisse?
- Von 0 auf 100 – unterwegs zum Traumleben?
- Über das Anfangen und mehr – fange an!
- Wo Berge sich erheben
- Weisheiten großer Denker – verstehen und umsetzen
- Die fünf Rettungsanker der Menschheit

Temporal –
die Königssprache der Kommunikation
ISBN 978-3-906439-15-1 / 39,80 €

für Führungskräfte, Verkäufer,
Mediatoren, Therapeuten und alle, die
Gespräche leiten und führen – wie Sie …

(M)ein Powerbuch
ISBN 978-3-906439-06-8 / 39,80 €

Hörbuch-CD – in „Schweizer Mundart"
(mit Booklet)

Arbeitsbuch mit Power-Aktivierungs-CD
zum Aufbau und Erhalt von Lebensfreude,
Energie und Motivation für jeden Tag

schlank werden... schlank bleiben...
ISBN 978-3-906439-03-7 / 39,80 €

Hörbuch-CD – in „Schweizer Mundart"
(mit Booklet)

Arbeitsheft mit Tiefenentspannungs-
Verankerungs-CD zum Aufbau und Erhalt eines
neuen Essverhaltens und Lebensgefühles

die 7-Stufen Erfolgs-Formel
ISBN 978-3-906439-04-4 / 39,80 €

Hörbuch-CD (2 CDs) – in „Schweizer Mundart"
(mit Booklet)

Arbeitsbuch mit 2 CD's mit den bestens
bewährten 7 Stufen zum Erfolg

Heute, hier, jetzt -

Ein Reiseführer durchs Leben

**Neuerscheinung
Juni 2012**

ISBN 978-3-941633-24-7

Auszug aus dem Inhalt:

- **Lebensfreude**
  Dankbarkeit, Glück, Wille, Veränderung, Selbstwertschätzung

- **Körperwelt**
  Essen & Trinken, Bewegen, Entspannen & Aktivieren, Ruhen & Schlafen, Die Sinne schulen

- **Den Geist fordern**
  Die Art zu denken, Schöpferisches Denken, Bildung ermöglichen, Moral entwickeln

- **Seelenleben**
  Gefühlsskala, Freudige Gefühle, Ambivalente Gefühle, Dunkle Gefühle

- **Zusammenleben**
  Partnerschaft, Familie, Mitmenschen

- **Natur & Lebensraum**
  Landschaft, Flora und Fauna, Unser Zuhause

- **Kultur**
  Moral-Ethik-Religion, Kunst & Medien, Wissenschaft & Technik, Wirtschaft

- **Das große Ganze**
  Ganzheitlich leben, Ja zum Leben, Der Sinn des Lebens

Die Kleinformate

Freude -
Zitate bekannter Persönlichkeiten
978-3-941633-22-3

Mit wenigen Worten wollen wir die
Schönheit, das Wertvolle in unserem
Leben hervorholen.

Dankeschön
mit Gedanken zur Lebensfreude
978-3-941633-21-6

Ein Dankeschön ist die Anerkennung
für einer Wohltat, die in uns freudiges, positives Empfinden auslöst -
uns ein Lächeln entlockt.
Mit diesen Gedanken möchten wir
Ihnen Augenblicke der Lebensfreude
schenken. Lassen Sie sich entführen ...

Grazie -
Pensieri sulla gioia di vivere
978-3-941633-23-0

„Große Freuden im Kleinformat"

© Création „Vom Kopf ins Herz"®

Schenken Sie gute Wünsche,
motivieren Sie zu Erfolg, Aufbruch oder Gesundheit,
sagen Sie Danke oder heißen Sie willkommen ...
mit einem Glückwunschbuch aus der Reihe

„Große Freuden im Kleinformat"

mit Zitaten, Weisheiten, Anregungen und
einer persönlichen Widmungsseite

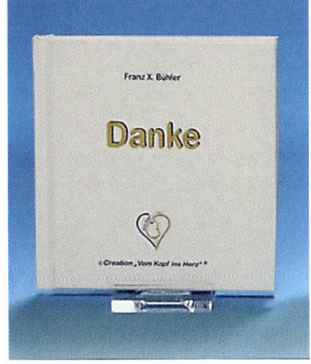

Danke
ISBN 978-3-941633-01-8

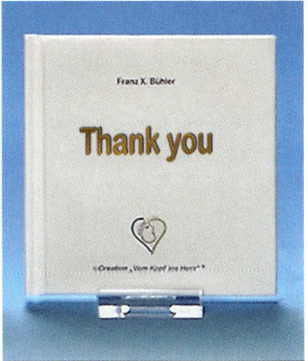

Thank you
ISBN 978-3-941633-18-6

Willkommen
ISBN 978-3-941633-00-1

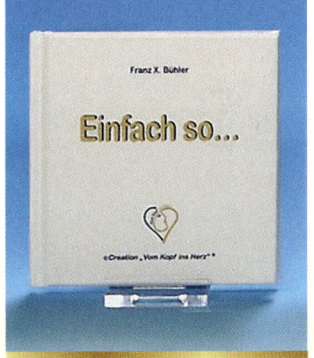

Einfach so...
ISBN978-3-941633-03-2

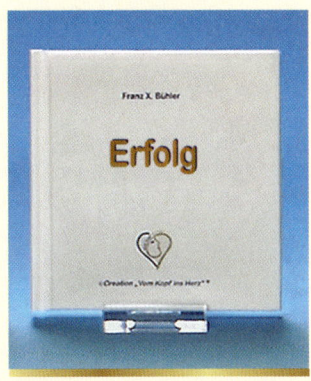

Erfolg
ISBN 978-3-941633-07-0

Begeisterung
ISBN 978-3-941633-09-4

Gesundheit
ISBN 978-3-941633-04-9

Krise? Aufbruch!
ISBN 978-3-941633-08-7

Liebe
ISBN 978-3-941633-17-9

Golf ist mehr...
ISBN 978-3-941633-06-3

Trost und Trauer
ISBN 978-3-941633-05-6

Daten Kleinformate:
Umfang: 48 Seiten
Größe: 10 cm x 10 cm
Hardcover mit Goldprägung
je 4,90 €